W0238708

Comment faire sa Cave à Vins

L'AMÉNAGER / SAVOIR CHOISIR / ACHETER CONSERVER ET BOIRE SES VINS

CHRISTIAN SAINT ROCHE

JEAN-PIERRE TAILLANDIER

Une sélection qui fera fondre votre sensibilité gourmande.

Joyaux de France, ces vins sont tous de grande race et de tradition.

Vous les découvrirez à la fin de cet ouvrage, dès maintenant peut-être, si votre envie n'y résiste pas.

Rendez-vous, p.86, dans notre Livre de cave...

CREER SA CAVE A VINS

Une cave à vins c'est une aventure. Une belle aventure où se joignent les deux plus admirables créations de l'Univers: l'Homme et le Vin.

La cave est le reflet de votre personnalité et les vins que vous choisirez celui de votre honnêteté. Ceux qui partagent le résultat de vos efforts et de vos attentions reconnaîtront en vous le pire ou le meilleur des hommes. Le choix de vos vins, leur service et leur place dans la journée ou dans le repas, dévoileront vos qualités ou vos défauts. La réputation de votre « bon goût » sera en jeu.

Les vins sont bien la seconde conscience des hommes, celle qui ne sait pas mentir.

Une cave et ses vins deviennent vite une affaire d'argent et il faut savoir que l'on peut spéculer sur les vins comme on joue en Bourse. Les ventes aux enchères de belles collections ou de superbes lots attirent tôt ou tard de grands amateurs. L'idée de devenir propriétaire de quelques rares bouteilles, réveille en soi le déchaînement de passions hardies et nouvelles. La spéculation à la collection, aux millésimes, aux raretés, aux découvertes implique de posséder à la fois du temps libre et une certaine fortune.

Notre but n'est évidemment pas celui-ci. Je ne veux point faire de vous un spéculateur (mais vous le deviendrez si vous le voulez, en toute liberté, sans mes conseils). Car, même si l'on veut créer sa cave tout simplement, sans chercher à « faire des affaires », mais avec sa propre conviction d'honnête homme, d'amateur éclairé, on peut tout de même être victime de duperie par ignorance ou trop de sincérité. Et c'est contre cela que je désire vous mettre en garde.

Collectionner des vins, que cela veut-il vraiment exprimer ? Collectionneur et amateur de vins ne vivent pas nécessairement dans un même rêve ni univers. Le collectionneur c'est, à la limite, une affection de l'esthétique qui l'habite.

Dans le cas des vins, l'étiquette, la forme de la bouteille et son habillage avec, en prime, l'image du contenu plus que sa réalité qualitative font miser des sommes folles et invraisemblables aux collectionneurs.

L'amateur met dans le jeu de l'achat de l'intelligence, du bon sens économique, du respect pour le créateur et une bonne dose d'amour pour le contenu, plus que pour l'étiquette.

Créer une cave à vins ce n'est pas seulement aligner des bouteilles sur des casiers verticaux, des rayonnages multiformes ou collectionner des étiquettes.

Etre amateur de vins et créer sa propre cave, c'est un complément direct et naturel. Mais que veut-on dire par amateur ? Le mot amateur (voir dans le dictionnaire étymologique) vient de « amator », « amare » c'est-à-dire du verbe aimer. Donc l'amateur « est celui qui aime », « celui qui cultive un art ou une science pour son plaisir ». Car l'amateur, en effet, achète, sélectionne, range, organise, consomme, gère son trésor et son plaisir en recherchant les meilleurs instants pour vivre des moments

de bonheur gastronomiques, inoubliables.

Ainsi, on apprend chaque jour. Chaque bouteille ouverte et dégustée intelligemment et non jetée dans son gosier comme un « boit-sans-soif » nous apprend un peu plus. Chaque étiquette porte l'identité du contenant et chaque vigneron nous communique toute sa passion, sa joie et l'espoir aux plaisirs renouvelés.

Créer une cave c'est aussi un acte d'organisation, de sagesse, de civilisation. C'est la pause que tout honnête homme devrait faire dans sa vie pour se prouver à lui-même qu'il est mûr, devenu adulte et responsable. Si les moines bâtissent leur abbaye, ils ne négligent pas pour autant la cave, la vigne et le vin. L'homme moderne devrait intégrer dans les commandements de son existence cette obligation. Ainsi l'esprit de famille serait-il encore plus fort et l'héritage, ne serait-il que moral, deviendrait le socle de l'humanité en donnant un sens à la morale et de l'esprit civique.

Savoir thésauriser les éléments du bonheur pour les feux d'artifice que l'on veut allumer à sa table pour faire de la cuisine, de la gastronomie et de l'invite, un immense brasier de bonheur et de convivialité. Le feu de joie de la réussite de bons moments passés entre fidèles.

A notre époque, faire une cave, peut sembler difficile et cher... Il y a plusieurs manières et conceptions pour créer une cave. Ne serait-ce qu'en fonction des divers types de vins et de ses goûts. Il y a des vins d'appellation contrôlée hors de prix pour la majorité des amateurs, seuls quelques rares privilégiés peuvent les acquérir. Certains vins d'A.O.C. sont à prix raisonnables, d'autres à prix très abordables. Mais aussi, on ne peut négliger des vins de table fort intéressants sur le plan qualitatif. Sur cette gamme on peut donc jouer la symphonie bien connue des airs: vins événementiels, vins de grandes fêtes, vins du dimanche et jours de fête, vins de tous les jours. Nous développerons ceci, plus loin.

Reste la chose la plus importante pour créer sa cave. Il faut la bâtir à sa mesure, à son rythme avec ses moyens et, surtout, la créer à son image, sa propre image familiale, avec son tempérament personnel. Sans orgueil ni ambition ni jalousie envers autrui. Pour parvenir à ce stade de sagesse relative, il convient de bien se connaître.

Le hasard n'est pas la bonne formule, non plus. Le recours à ses relations ne suffit pas. Etre amateur de vin cela implique être un homme de goût et de jugement. Car tout ce qui touche à la cuisine, à la gastronomie et au vin est art suprême et à l'origine d'une vie passionnante et passionnée, nécessairement.

L'homme (et la femme) de goût savent vivre intensément, avec mesure et délicatesse. La philosophie et l'art de vivre du XXIème siècle sont en marche et désignent déjà à nos enfants ou petits-enfants la voie sacrée de demain. La cave à vins y a bonne place. Elle porte les reliques des civilisations précédentes et le signe de la continuité à l'image de la vigne, plante pérenne mais surtout arbre de la connaissance, symbole des symboles, qui survivra à toutes les générations.

La vigne et le vin restent les gardiens du bon goût. La cave à vins sera alors leur corne d'abondance; le lieu où le mystère s'accomplit, à l'abri de la lumière et loin des hommes.

LA CONNAISSANCE DES VINS

DES CRUS, DES TERROIRS ET DES HOMMES

Plusieurs facteurs, en matière de vins et vignobles, ont une influence importante sur le produit final. Ils façonnent la personnalité de chaque vin qui offrira alors une typicité individuelle. Ce signe distinctif de la qualité fera la différence entre les vins. Ces particularités décelées se répètent avec plus ou moins d'intensité dans chaque millésime, preuve s'il en faut que cela est dû aux cépages, au sol, au cru, au terroir et .... aux hommes.

Le **cru** est le lieu où croît un cépage, un vignoble et il est caractérisé par la conjugaison de plusieurs facteurs : le sol, le sous-sol, les cépages, le climat, le microclimat, l'exposition, la situation... Une appellation est un cru, dans le sens large du terme, mais une appellation peut posséder plusieurs crus dans la mesure où il peut y avoir quelques différences.

du vin. Puis, les hommes choisissent également les modes de vinification, de conservation, toutes les manipulations oenologiques... jusqu'à la mise en bouteilles, l'habillage, l'étiquetage, avant toute commercialisation.

C'est dire l'importance du sérieux et de l'honnêteté des hommes dans cette longue chaîne.

Le **terroir** est constitué seulement du sol comme valeur d'appellation, de richesse et de qualité. Les terroirs sont multiples et chacun frappe de son empreinte le vin issu de la vigne qu'il nourrit.

Enfin, les **hommes** décident du moment de la vendange (après avoir choisi le cru, le terroir, les modes de conduite, les divers traitements...), donc de la maturation exacte du raisin. La qualité de la matière première est d'importance. Elle préjugera de la qualité

Seul le **temps météorologique** peut dispenser les joies ou les peines en créant une météorologie favorable ou défavorable aux phases essentielles sinon cruciales de la vigne (floraison et maturation surtout). D'où le succès ou non d'un millésime.

Le **millésime** est donc très lié à la météorologie. L'homme peut corriger quelque peu mais dans ce domaine il subit plus qu'il ne peut agir. La correction se situera seulement à la cuve ou au pressoir.

RAPPEL DES VINIFICATIONS

Pendant les vendanges et le début des vinifications, le pire ennemi est l'oxydation ou l'altération.

Dans toutes vinifications la phase principale est la fermentation alcoolique. La fermentation est un phénomène naturel pendant lequel les sucres contenus dans les raisins transformés en moût, vont être transmutés en alcool sous l'action des levures. Parallèlement, d'autres réactions se produisent, ayant des effets sur les divers constituants du moût devenu vin: acidité, tanins, couleur, arômes... A la fin de la fermentation alcoolique nous avons obtenu le vin qui subira de nombreuses transformations et manipulations avant de venir dormir dans votre cave.

La vinification est donc l'opération indispensable mais aussi très délicate qui réclame une prudence extrême et une surveillance de tous les instants. Je n'entrerai pas dans ses moindres détails, ici, car très complexes et de ce fait, hors sujet.*

Comment se font les vins:

A chaque type de vin, une vinification spécifique. Plusieurs manipulations et opérations sont identiques, d'autres plus adaptées, distinctes car appropriées au type de vin recherché.

Le foulage, l'égrenage, la fermentation, la macération, la cuvaison, les soutirages, les filtrations, le décuvage, le pressurage, la régulation thermique... sont des phases à peu près identiques pour l'ensemble des vinifications.

* Pour plus amples informations sur les vinifications conférer le livre « Sommeliers, la passion des vins et des spiritueux » du même auteur.

Vinification en vins rouges

Les raisins noirs sont égrenés (séparation de la rafle et des grains de raisin) ou non (certains types de vins rouges doivent faire cuver les grappes entières). Puis foulés, c'est-à-dire qu'on éclate la pellicule des grains de raisin pour libérer la pulpe et le jus.

Jus et matières solides sont mis à fermenter dans un cuvier. Le temps de fermentation dépend du type de vin qu'on cherche à obtenir. Un vin primeur réclame une durée de fermentation assez courte (vin peu coloré, très souple et fruité). Un vin de garde macère plus longtemps. Ce sera un vin plus coloré, plus riche en tanins, plus dense en matière.

Le vinificateur jouera donc sur cette cuvaison, cette macération pour déterminer une grande partie de la typicité de son vin.

De longues et minutieuses opérations, ensuite, amèneront le vin soit à une mise en bouteilles rapide (de 15 jours à 6 mois après la fin de la vinification), soit à une mise en mûrissement, improprement appelé vieillissement. Les premiers seront des vins primeurs ou à boire jeunes (1 mois à 6 mois), les seconds seront des vins de garde (relative ou plus ou moins longue).

Vinification en vins blancs

En principe le vin blanc provient du raisin blanc. Mais il peut aussi être issu de raisins noirs comme en Champagne (Blancs de Noirs).

On isole le plus vite possible la peau (chargée de la matière colorante) de la pulpe et du jus. On presse immédiatement et on supprime la cuvaison ou macération. Le jus fermentera seul.

Les vins blancs secs se mettent en bouteilles assez jeunes. Ils se consomment assez tôt pour pouvoir offrir tout leur bouquet de jeunesse. Les vins blancs sur lie (ex. Muscadet) ou mise en bouteilles sur lie donnent des vins fruités, légers, un peu pétillants (gaz carbonique). Enfin les grands blancs (Chablis, Meursault...) qui peuvent se conserver longtemps (8-15 ans) en bouteilles, ont passé de 4 à 6 mois en fûts de chêne.

La vinification en blancs moelleux implique, par contre, une surmaturation (Sauternes, Coteaux du Layon, Monbazillac...) avec dessiccation des grains de raisin, avec vendange par tris successifs. La fermentation n'est pas totale. Elle s'arrête toute seule ou avec l'aide d'un agent de mutage* pour conserver une certaine quantité de sucre. Le vin reste alors moelleux.

Vinification en rosés

Le procédé est simple. On applique la vinification en rouge mais la phase de cuvaison est très courte. Puis on applique, éventuellement, un pressurage immédiat après avoir mis de côté le jus de saignée, c'est-à-dire le jus qui a coulé de la cuve, quelques heures après remplissage. Il existe plusieurs méthodes pour élaborer des rosés.

Les rosés se boivent jeunes.

Vinification en mousseux

De nombreux procédés mais le plus apte à donner de la qualité est la méthode Champenoise, appliquée dans de nombreuses régions françaises et étrangères. D'autres méthodes existent qui sont plus ou moins industrielles sauf, la méthode rurale, peu utilisée de nos jours.

La méthode Champenoise est représentée par trois phases essentielles. La première consiste à obtenir des vins tranquilles dans différentes cuvées qui respectent les crus (cépages, lieux-dits, expositions, terroirs...) qu'on assemble ensuite pour créer son champagne... son mousseux, sa marque.

La deuxième est la seconde fermentation qui aura lieu en bouteilles grâce à l'adjonction de liqueur de tirage (sucre + levures + vin vieux).

La troisième enfin: après un repos de plusieurs mois en caves isothermiques, après le remuage, qui a conduit le dépôt à l'intérieur de la bouteille vers le goulot, on dégorge, c'est-à-dire qu'on procèdera à l'évacuation de ce dépôt.

La liqueur appelée d'expédition remplacera le vin manquant, perdu par la pression à l'ouverture du dégorgement. Cette liqueur peut être du vin (on aura un brut 0), elle peut être additionnée de sirop de sucre à dose plus ou moins importante (brut, sec, demi-sec).

Vinification en vins doux naturels

A partir de raisins blancs (Muscat, Macabeu, Grenache blanc...) ou de raisins noirs (Grenache noir) on vinifie des moûts de 15 à 17 degrés.

* Muter, mutage: action d'arrêter ou d'empêcher la fermentation alcoolique pour conserver une certaine quantité de sucre dans le vin afin d'obtenir une douceur naturelle. Agents principaux de mutage: alcool à 90° — Anhydride sulfureux...

On procède à une opération dite de mutage par adjonction d'eau-de-vie de vin pendant la fermentation pour conserver une partie des sucres.

On obtient de très grands vins qui vieillissent parfaitement et offrent des palettes remarquables de nuances colorées et de bouquets exceptionnels, riches et variés.

Vinification en vin jaune

A partir de raisins surmaturés, très mûrs donc, presque en état de dessiccation on obtient des moûts sirupeux, riches en matière. Ils fermenteront pendant 6 ans, très lentement. Parallèlement, une oxydation apparait et se créent dès lors des corps secondaires, à partir de l'alcool et des acides, très complexes qui donnent ce style de vin.

L'élevage des vins

C'est la phase ultime pendant laquelle, à l'abri du bruit, de la lumière et de la vie trépidante, les vins vont s'épanouir et subir les dernières manipulations s'ils sont encore en fûts ou en cuves. Ils se reposeront et mûriront s'ils sont en bouteilles.

Après la mise en bouteilles, les vins passent un stade nécessaire appelé « maladie de bouteille ». Certains vins doivent dépasser ce cap pour retrouver leur plénitude.

Cette étape finale, vous pouvez l'assumer pleinement si vous le désirez, totalement ou en partie selon le stade d'achat de votre vin. Nous verrons un peu plus loin.

Différentes catégories de vins

Actuellement la C.E.E. classe les vins en deux catégories. Les vins de table et les V.Q.P.R.D.* En France nous discernerons deux subdivisions supplémentaires.

1- Les vins de table comprennent les vins de Pays et les vins de table autres que les vins de Pays.

2- Les V.Q.P.R.D. comprennent les A.O.C.* et les V.D.Q.S.*

Pour votre cave, tous ces vins vous intéressent, bien entendu, mais plus particulièrement les A.O.C., les V.D.Q.S. et plus exceptionnellement les vins de Pays et à fortiori les vins de table.

Nous découvrons de temps en temps des vins de table et des vins de pays remarquables, typés, très intéressants. Ils ne sont ni V.D.Q.S., ni A.O.C. et ils méritent pourtant toute notre attention. Détrompez-vous, quand ils sont d'excellente qualité, leur prix peut être raisonnable par rapport à certains prix d'A.O.C. mais sans aucune comparaison avec d'autres vins de table sans aucun talent qui appartiendraient plutôt à la sous-classe des vins.

* V.Q.P.R.D. = Vins de qualité produits dans une région déterminée.

A.O.C. = Appellation d'origine contrôlée.

V.D.Q.S. = Vins délimités de qualité supérieure.

Les vins de table de qualité, vendus souvent sous le nom d'une marque ou d'un cépage méritent leur prix. Soyez-en sûr. Quelques exemples sont édifiants (Mas Chichet, Domaine de Puechredon, Domaine de la Rocherie...). Nous les verrons dans les adresses de vins.

Les vins de pays sont obtenus à partir de cépages recommandés et proviennent de terroirs délimités dont ils portent le nom. Terroir, ici, est pris au sens large. Et ils sont assortis d'un label après dégustation obligatoire par un jury expert.

Les V.D.Q.S. sont des vins bénéficiant d'une réglementation spécifique et d'un contrôle de l'Institut National des Appellations d'Origine. Les conditions de production sont déterminées par une loi et imposées par des décrets officiels. En outre, le label V.D.Q.S. est délivré après avoir reçu l'agrément d'une commission officielle de dégustation.

Les A.O.C., enfin, sont soumises à des règles encore plus strictes que celles qui régissent les V.D.Q.S. Pour être A.O.C. il convient d'en être jugé digne.

Pour l'amateur de vins, la sélection catégorielle peut se faire autrement. On peut créer sa propre classification en: vins quotidiens, vins primeurs, vins de grandes fêtes, vins du dimanche et des jours fériés, vins événementiels.

Le vin quotidien: le vin de tous les repas, de chaque jour. Ce sera un bon vin, pas trop capiteux, fruité, léger, harmonieux. S'il est blanc sec il possèdera de la vivacité, de l'élégance, du nerf et du fruit. S'il est rouge il offrira un corps très présent mais assez léger, pas trop tannique, peu alcooleux, frais, fruité. Rosé, on doit lui demander fraîcheur, vigueur et beaucoup de fruit.

Le vin de tous les jours: confident, ami, plein de tendresse, sachant vous faire plaisir, vous parler, vous dessoiffer, vous aimer et ne doit en aucun cas vous décevoir dans sa modestie. Il ne sera jamais grand mais que de vertus et de qualités dans son humilité et sa simplicité.

Les vins primeurs: les vins d'un plaisir et d'un moment. Cette joie et cet instant ne durent pas longtemps, l'espace d'un repas et de deux mois... Les vins primeurs ne se conservent pas plus de 8 à 10 mois en l'état. Au-delà, leur bouquet évolue ainsi que leur structure, leur charpente. Ce sont d'autres vins, agréables certes, mais ils ne sont plus primeurs.

Le plaisir que procurent les vins primeurs: fraîcheur, vivacité, fruité, un aspect friand et gouleyant, la légèreté et l'élégance.

On aime ou on n'aime pas les vins primeurs. Ils appartiennent à un phénomène de société bien intégré après avoir été une mode. On ne peut les ignorer.

Les vins de grandes fêtes: ces grandes fêtes, comment les définir? Elles sont plus que les jours de fête normaux, calendaires, habituels. Elles sont moins que les événements marquants, d'une vie, d'une action, de l'histoire d'une famille ou d'une dynastie.

Les grandes fêtes peuvent être familiales ou entre amis mais ne fêtent pas nécessairement quelque chose de précis. Elles permettent des rencontres, des moments de joie, de communions d'esprit, de loisirs, de gastronomie.

Des amis décident de se réunir pour passer un grand moment, festoyer, s'amuser, vivre intensément cette joie du partage. Une famille se regroupe pour renforcer ses liens affectifs autour de plats traditionnels...

Ces grandes fêtes impliquent des vins spéciaux. Entre les « petits » vins et les grands crus superbes et de prix, une série de vins conviennent pour ces manifestations.

Les vins du dimanche et des jours de fêtes: choisissent encore un créneau, une gamme spécifique où on recherche une forme de plaisir du vin et de la gastronomie entre le conjugal et le familial.

Les bouteilles choisies par le chef de famille correspondent à une sensibilité sensuelle et conceptuelle limitée au cercle familial. Le couple apprend à aimer ensemble un ou plusieurs types de vins et à s'y tenir lorsqu'ils sont ensemble, pendant les repas symboliques de la vie de famille réunie. S'entend la petite famille. Dimanches et jours de fête correspondent à ces jours-là.

Les vins événementiels: les vins des grands moments de la vie, des vins qui feront date.

Les événements familiaux, professionnels, patriotiques, politiques, socio-économiques, sportifs... ceux qui marquent les hommes et qui comptent dans une vie ou, parfois, l'Histoire.

On ne peut choisir que de grands vins, de très grandes années. A la noblesse et à la grandeur d'un événement on ne répondra que par des nectars de même vertu.

Le choix des vins, dans ce cas, et la démarche qui accompagnera la présentation comme le service de ces vins, consistera à choisir, également, des serveurs de métier qui sachent conduire l'agréable sacrifice de ces bouteilles, par verres de cristal interposés, jusqu'à ces lèvres brûlantes de désir, portant d'abord des mots avant de s'humecter de ces divins liquides.

De grands vins pour plaire, séduire et ensorceler de bonheur.

SAVOIR BOIRE ET CONSERVER SES VINS

Comment acheter ses vins

Tout achat de vins est un acte de confiance et un acte financier plus ou moins important. Lorsqu'on achète du vin pour sa cave, donc pour le conserver un temps défini selon les types choisis (de 6 mois à 10 ...15 ans...) on investit en argent et dans le plaisir.

Différentes façons d'acheter ses vins:

- En tonneaux ou en fûts, la mode est passée car cela implique du temps et de l'aide. Seul, cela devient une corvée, c'est un peu long et décourageant. A plusieurs c'est vite fait, c'est la fête et l'occasion de terminer autour d'une bonne table pour mettre une fois de plus en pratique l'harmonie des vins et des mets. Pour les nostalgiques du tonneau (ou du fût, de la barrique, de la pièce...) c'est, évidemment, le retour aux sources de la vraie cave. Mais on trouve de moins en moins de propriétaires vignerons ou de négociants qui vendent en tonneaux.

- En cubitainer, en dame-jeanne, en bonbonne... C'est une solution, pour des vins quotidiens, à boire assez vite. Il n'est pas question de laisser le vin dans ces contenants pour le laisser vieillir. Mettre donc en bouteilles rapidement et consommer dans le courant du mois.

- En bouteilles, c'est évidemment la solution facile, car il vous suffira de les ranger dans vos casiers, sans gros problèmes ni manutention exagérée. Aujourd'hui de plus en plus d'appellations protègent leur production par l'obligation de la mise en bouteilles.

Cela implique une impossibilité d'acheter en fût, en tonneau, en bonbonne... mais, seulement en bouteilles. Même en primeur.

Achat en primeur

Cette forme d'achat est relativement récente. Elle permet de gagner ou d'économiser une certaine somme d'argent par rapport à la dépense faite, plus tard, lorsque le vin aurait mûri chez le propriétaire ou le négociant, puis été acheté en bouteilles.

En fait, cette solution vous permet de ne pas payer les frais de vieillissement, très élevés, les frais financiers, agios...

Ce n'est pas toujours facile d'acheter en primeur car on peut se tromper sur le devenir du vin qu'on vous propose. Un mauvais jugement n'est jamais à écarter, si compétents puissions-nous être.

Toutefois, quelques données permettent de fixer certains jalons de certitude. Le comportement de la vigne avant la vendange, la maturation des raisins et le temps atmosphérique pendant la cueillette, les premières phases de la vinification en général et chez le vigneron en particulier...La réputation du vigneron, du vinificateur et du cru... connaissance qui rendent presque nul le mauvais jugement, voire inexistant.

Ainsi, en payant à la commande, comptant ou par tiers en trois versements donc (en primeur, selon l'usage) on bénéficie d'un gain d'environ 20 à 30 % par rapport à l'achat qu'on aurait effectué deux ans après le vieillissement normal, obligatoire par décret, et après lequel le propriétaire peut se séparer de son vin.

Lorsqu'on a retenu la qualité de vin et payé le prix convenu en primeur, le vin reste à la propriété et il lui est apporté tous les soins réclamés par l'élevage habituel, plus le vieillissement normal obligatoire avant d'être mis à la disposition de l'acheteur. Sans autre frais.

La facture d'achat en primeur fait office de contrat et légitime votre propriété.

Il est évident que l'achat en primeur ne concerne que les vins destinés à vieillir et qu'on conserve assez longtemps en cave, chez soi. La livraison se fait généralement en bouteilles. Sauf pour des crus qui n'obligent pas la mise en bouteilles à la propriété et si cela vous sied, vous pourrez obtenir la livraison en tonneau. Bonne mise en bouteilles dans votre cave!

Où acheter ses vins

- Achat à la propriété, chez le vigneron/négociant/cave coopérative.
- Achat par commande (correspondance).
- Achat en boutique: caviste — détaillant (dépôts...).
- Achat dans les salons, foires, expositions.
- Ventes aux enchères.
- Achat par les clubs.

Achat à la propriété, chez le vigneron, chez le négociant, à la cave coopérative

A la propriété, chez le vigneron c'est évidemment le symbole du vin parfait, honnête, fidèle à l'appellation et au cru.

Petit vigneron et grand vigneron se distinguent par plusieurs critères qui ne les différencient pas nécessairement en bon et moins bon vinificateur. Mais plutôt en typicité, en personnalité de vin, en conception du tempérament du vin, légèrement nuancées, distinctes même. Un même cru peut être vu et jugé par des sagesses différentes.

Certains vignerons trop attachés aux traditions reculent et la qualité de leurs vins, si parfaite soit-elle, offre une personnalité rétrograde, peu conforme avec le mode de consommation du moment.

Certains autres vignerons désireux d'aller de l'avant, à l'avant-garde même du progrès, trop ambitieux dans leur évolution ou trop engagés dans leur orgueil et prêts à se couper des racines du passé, sont induits en erreur. Ils offrent alors un vin sans intérêt.

Entre ces extrêmes, il existe des vignerons qui savent produire juste. Sur place, à la propriété, on déguste, on parle « vin » avec le producteur, on passe un bon moment avec le vigneron, chez lui, dans sa cave ou au coin d'une vigne, dans un caveau de dégustation.

On prendra avec soi les cartons achetés dans sa voiture ou on se les fera livrer, si la commande est copieuse, à domicile. Le prix du transport est élevé, ne l'oubliez pas! Il grève drôlement le prix « sympathique » concédé par l'achat à la propriété.

Chez les négociants, c'est un peu différent. Mais il existe beaucoup moins de négociants aujourd'hui. Ce métier et ce commerce réclament, à l'heure actuelle, plus de vigilance qu'hier. La plupart d'entre eux sont souvent propriétaires, notamment de châteaux, clos, crus classés... et, de ce fait, ils ne peuvent plus méconnaître les problèmes viticoles.

Le négociant est un éleveur de vins. Ce métier connaît des aléas; hier il a nourri divers scandales. Aujourd'hui il montre un visage différent. En réalité, certains hommes sont allés trop loin dans certaines manipulations mais, heureusement, la majorité est restée sérieuse, honnête et traditionnaliste. Elle le demeure, actuellement.

Le négoce-éleveur vous propose tout de même des vins qu'il connaît bien, qu'il a découverts (c'est son rôle) et sélectionnés. On peut déguster sur place ou les échantillons que proposent leurs représentants. C'est une façon, aussi, de découvrir certains crus.

La cave coopérative qui fut très mal acceptée par une élite d'amateurs de vins, commence à offrir une image un peu différente d'elle-même et de ses vins.

Certains dirigeants ont voulu rompre avec la symbolique d'hier (vins mélangés, de peu de qualité, vinifications industrielles, produits de bas de gamme, peu personnalisés...) pour donner une impulsion nouvelle et insérer la coopérative dans la société moderne.

On y découvre de belles cuvées et des vins très surprenants en qualités et en prix.

Achat par commande (correspondance)

C'est très délicat. Cette formule vous obligera, si vous l'avez choisie, à bien connaître le vendeur et ses vins. Tout est esprit de confiance dans cet achat.

Achat en boutique : caviste, détaillant, dépôt..

Quel que soit le moyen, le principe d'achat est le même. Quand on s'adresse à un entrepôt (de l'épicerie fine au dépôt rustique, en passant par le caviste traditionnel on est sûr d'avoir une belle gamme de vins. On y trouvera sûrement ses choix personnels.

Ce sera l'idéal pour un vin exceptionnel qu'on ne peut pas se procurer ailleurs.

Mais pour des quantités importantes qu'on stockera dans sa cave, cela me paraît être un mauvais choix, car on paiera 20 à 30 % plus cher, selon les qualités, les types et les choix de vins. Cette formule est la moins économique sauf pour des achats ponctuels.

Achat dans les salons, foires, expositions

Autrefois, quand on achetait du vin dans ces divers lieux d'expositions, ou qu'on passait commande, plutôt, on bénéficiait d'une substantielle remise.

Aujourd'hui, c'est rarement le cas. Sauf pour quelques bons vieux clients.

Dans les foires et salons on a l'avantage de découvrir et de déguster sur place, plusieurs échantillons de cuvées courantes ou spéciales. On entreprend un tour de France rapide dans un minimum de temps, on dialogue avec les responsables directs ou les représentants (ce n'est pas tout à fait identique car les intérêts sont différents).

En outre, on se fait une certaine idée des vins dégustés, hors cave du producteur ou du commerce, dans une ambiance et un environnement qui n'appartiennent plus à son berceau d'origine. C'est un excellent atout pour vous donner un aperçu du comportement du vin loin de sa région de naissance.

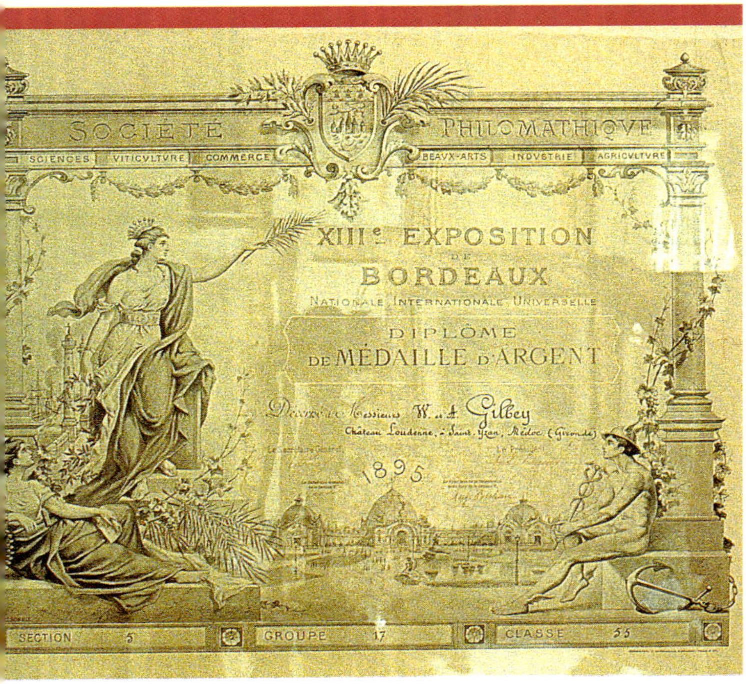

Mais faites bien attention à ce que vous dégustez et commandez.

Ventes aux enchères

On y trouve de belles affaires quand on connaît les catalogues. Ceux-ci portent les listes de vins et leurs prix. Vous pouvez procéder à une première sélection.

Les ventes aux enchères proposent souvent des lots avec des millésimes fort attrayants qu'on peut acquérir, parfois à des prix compétitifs. Sauf si vous êtes en concurrence avec un collectionneur ou un spéculateur. Ils sont capables de surenchérir pour atteindre des prix inabordables. Ne pas suivre dans ce cas.

Il arrive qu'on puisse déguster des vins avant la vente aux enchères. C'est le cas pour des lots importants ou pour des ventes spécifiques (Hospices de Beaune...). On juge et on teste ce qu'on peut acquérir pendant la vente.

De toute façon, les ventes aux enchères ont du bon pour devenir propriétaire de bouteilles rares, recherchées ou tout simplement qu'on ne possède pas.

Achat par les clubs

Les clubs se sont multipliés ces dernières années. Ils n'élèvent pas les vins, ils obtiennent des frais de transport moindres et ils publient un catalogue.

Ils pratiquent la vente par correspondance, sans l'avouer, toutefois. Ils sont de vrais clubs ou ils ne sont qu'une nouvelle façade masquant l'activité de négoce d'une vieille maison de commerce. Ils sacrifient à la mode pour dépoussiérer et réformer leur ancienne formule de vente par correspondance.

Cette forme d'achat peut vous aider à créer une cave mais soyez prudents.

Connaître ses goûts et ses raisons d'acheter

L'acte d'achat chez un amateur est régi par une abscisse « son propre goût » et une ordonnée « ses raisons d'acheter ». De nombreux cas de figures peuvent se présenter à partir de ces deux axes mais, la plupart du temps, le moteur essentiel sera tout simplement la masse financière qu'on octroiera à la constitution de sa cave.

Le budget consacré à ce poste doit être défini et régulier dans la mesure du possible.

Connaître ses goûts, implique une bonne connaissance des vins, de la cuisine, sinon de la gastronomie et de tous les paramètres essentiels inhérents à la dégustation.

Ses raisons d'acheter sont multiples. La disponibilité, l'opportunité, les circonstances, la conjoncture, la chance, la casualité... la fortune de pouvoir acheter mais aussi l'envie, l'ambition, la certitude de faire une bonne affaire... Raisons multiples mais déterminantes.

Savoir lire les étiquettes

L'étiquette est l'identité du vin contenu dans la bouteille. Elle doit être le reflet de son origine. Elle apporte de nombreux renseignements.

La « mise au château », « ... à la propriété » ou ... « au domaine » rassure l'acheteur. La « mise sur les lieux de production », « ... dans nos caves », « ... par nos soins » etc., ne veulent dire grand chose et ne sont que fantaisistes.

Si les A.O.C. ne portent pas le degré alcoolique, en volume d'ailleurs, pour l'instant, la C.E.E. prévoit que cette mention lui paraît obligatoire. A voir d'ici quelques années. Pour l'instant cette mention séparait le monde des vins de table de celui des V.Q.P.R.D.

Les V.Q.P.R.D. ont des normes à porter sur leurs étiquettes:

Les V.D.Q.S. commettent une vignette. Les A.O.C. et les V.D.Q.S. doivent porter le nom de l'appellation (Pauillac, Pommard, Saint-Pourçain, Banyuls...) et la mention « appellation d'origine contrôlée » (pour les A.O.C.) et « vin délimité en qualité supérieure » (pour les V.D.Q.S.). Le nom du château, du domaine, du cépage, de la marque et le nom de l'appellation (ex: Margaux) s'inscrit entre le mot « appellation » et « contrôlée »: Appellation Margaux Contrôlée. Le nom et l'adresse de l'embouteilleur et, pour l'exportation: « Product of France ».

Puis viennent des mots comme: « Blanc de blancs ». Ce terme avertit le client que le vin est issu de cépages blancs, exclusivement. « Vendanges tardives » indique que le vin est issu de cépages récoltés en surmaturation. « Méthode champenoise » signifie que le vin tumultueux que la bouteille abrite a été vinifié selon cette méthode et que toutes les phases ont été respectées. « Sur lie » indique que les vins doivent se trouver sur leurs lies de vinification au moment de la mise en bouteilles, après l'hiver suivant la récolte, mais qui doit se faire obligatoire-

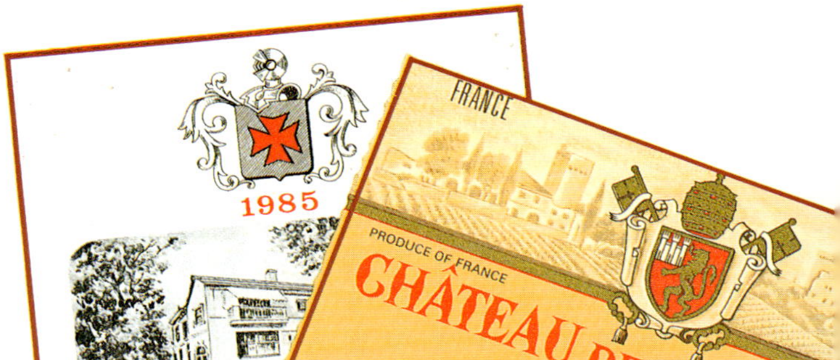

ment avant le 1er juillet de l'année.

Savoir lire les étiquettes c'est, comme à la lecture d'un contrat, savoir préserver ses droits.

Les vins se gardent ... oui, mais combien de temps?

On aborde une phase essentielle de la vie du vin, improprement appelée « vieillissement ». Le mûrissement d'un vin conviendrait mieux. Mais on ne peut aller contre des mots qui sont passés dans le langage courant.

Lorsqu'on parle de conserver des vins on ne s'adresse immédiatement qu'aux vins de bonne garde, donc des vins qui passeront des années à se bonifier lentement.

Les vins qui portent une matière dense, une richesse tannique, une acidité totale assez forte sont aptes au vieillissement. On considère les grands Bordeaux, les grands Bourgognes comme les Châteauneuf du Pape, les Gigondas, les Cahors, les Madirans et autres vins rouges de même style dans ce cas.

Certains vins blancs racés, de grande sève (Meursault, Chablis Grand Cru, Chassagne-Montrachet...) peuvent bien vieillir et, ainsi se conserver plus de 10 — 12 ans en donnant au produit final, une expression, un style très particulier de grande qualité.

Lorsqu'on désire conserver des vins on doit se fixer un objectif moyen. On gardera des vins en fonction de certains critères bien précis. Tel vin acheté l'année de naissance de son fils... on veut le conserver jusqu'à sa première communion. Tel vin acheté pour les 10 ans de sa fille peut être d'un excellent millésime, pourquoi ne pas le garder jusqu'à son mariage! Tel vin peut servir d'ici 5 à 6 ans aux repas de famille mais tel autre doit pouvoir tenir 10 ou 15 ans car on aimerait à ce moment-là fêter...

Par contre ce millésime devrait servir à honorer les amis du Rotary, de l'équipe de pétanque et les anciens d'Algérie car on a prévu de se réunir chaque année à la maison... Et puis il y a encore son patron, grand amateur de Pétrus et son épouse originaire d'Alsace qui préfère... qu'on reçoit une fois par mois etc. Les objectifs sont nombreux.

Ces événements possibles sont à noter car ils influenceront beaucoup vos choix et l'évolution de votre cave.

De ce fait, dans sa sélection, prévoir largement les possibilités de vieillissement. Ne pas hésiter à poser des questions aux vendeurs (vignerons, négociants...etc.)

1971
1971
Bâtie

Mûrissement, vieillissement, élevage... et soins

Lorsque vous stockez du vin dans votre cave celui-ci poursuit son évolution. Le vin est un produit vivant qui ne cesse de vivre et de mûrir avant de vieillir et, parfois, de mourir.

On surveillera régulièrement l'état des étiquettes, on mirera de temps en temps une bouteille, en la retirant du casier puis en la hissant vers une source lumineuse pour scruter l'intérieur.

On dégustera également ses vins. On prélève une bouteille et on la déguste sur place.

Il serait absurde de passer à cette épreuve quelques mois après l'achat. Il faudra attendre quelques années sauf si vous êtes habité par quelques doutes ou des échos d'experts. On ne débouchera pas une bouteille avant 4 à 5 ans, ceci une fois par an jusqu'à 8 à 10 ans. A partir de 10-12 ans (sauf si la tenue du vin vous confirme qu'il est encore dans une exceptionnelle jeunesse) on débouchera deux bouteilles (une tous les six mois). Audelà de 16-18 ans on vérifiera les bouchons. Il se peut qu'ils ne remplissent plus leur rôle. Il faut les changer et en mettre des neufs.

Si vos vins traversent le temps et les années sans problèmes majeurs, tout est parfait. Mais vous pouvez, aussi, découvrir quelque maladie ou anomalie. Faites appel, alors, à un spécialiste: sommelier, caviste ou oenologue pour vous conseiller.

Les millésimes: que faut-il en penser?

Les millésimes sont devenus un véritable mythe. On ne parle plus qu'en fonction des millésimes. A tel point que ces millésimes sont devenus des enjeux financiers importants.

Les grands vignobles (Bordeaux, Bourgogne) et les autres, comme le Champagne aussi, développent cette thèse, si bien que tout vin millésimé complète ainsi l'identité de sa qualité.

Dans votre cave, il faut des millésimes bien sûr, mais vous pouvez découvrir des vins sans millésime, qui vous conviennent. Si c'est le cas, commandez-les vous ne ferez jamais figure de ridicule auprès de vos amis.

CHATEAU
APPELLATION

1982
CHATEAU
ASTOUS
JURANÇON

CREER SA PROPRE CAVE

I – La cave proprement dite

Différentes possibilités d'installation

Peut-on avoir une cave chez soi? Doit-on envisager d'aller habiter ailleurs si on ne possède pas de cave où on réside actuellement?

Quand on aime les vins et qu'on devient un amateur non seulement éclairé mais désireux de posséder, de créer sa cave, ce sont des questions qui hantent vos nuits et vous rongent le jour.

Si on possède une cave ou une pièce qui peut faire office de cave, les difficultés à surmonter sont moindres.

Si on n'a aucune cave, ni pièce, mais des rangements possibles, on peut toujours étudier une solution.

Quelques exemples:
Sous un escalier, il est envisageable de garnir le lieu de rayonnages.

Une soupente plus ou moins vaste, en songeant à tout l'aménagement nécessaire, peut convenir.

Une pièce dans l'appartement qui servait de rangement ou de débarras.

Une cellule dont ne se sert pas votre voisin, en échange de services ou de ...

Les exemples peuvent être plus nombreux. Ils conviendront ou ne conviendront pas mais ils méritent d'être étudiés.

Photo ci-contre: "**Jurançon: une appellation controlée à découvrir**"

Enfin, on possède une cave ou on peut en créer une. C'est la position la plus favorable. Créer de toute pièce un lieu où on entreposera ses bouteilles implique d'établir un plan de construction. Que cette future cave soit en béton, en pierre et ciment ou en métal, on respectera tous les principes (que nous verrons un peu plus loin).

Une invention moderne propose un kit, une sorte de grand coffre en métal qu'on place dans un immense trou, dans un jardin, sous sa maison (avant construction) ou dans tout autre lieu de son choix dans sa propriété.

Cave aérienne

C'est une cave au niveau du sol de plain-pied ou en étage.

Cave en sous-sol

Cave existante ou creusée dans le sol par vos soins.

Voies d'accès à la cave

Ces voies doivent être propres, libres, non encombrées et accessibles.
Des escaliers, une échelle fixe ou mobile, un ascenseur... seront pratiques et propres.

Qualités d'une bonne cave

Le vin exige d'être bien logé, les bouteilles couchées, dans une atmosphère neutre, sans mauvaises odeurs, à l'abri de la lumière. Dans une cave sombre le vin poursuit convenablement son évolution. Une cave doit respecter certaines exigences.

Température

L'important est la régularité thermique. Pas de fortes différences dans une saison et d'une saison à une autre. La température idéale ? De 12 à 13°C environ. Mais on accepte une température de 11° l'hiver et de 15 à 16° l'été. L'intersaison doit amener ces températures, progressivement.

Elle ne doit pas dépasser 20°C à son maximum. Ne pas oublier que les températures trop basses (8 à 10°) freinent l'évolution du vin. Des températures trop élevées et constantes (25 à 27°) activent la réduction, donc le vieillissement et, peut-être, des anomalies (fermentations secondaires en bouteilles, développement de bactéries nuisibles...).

Supprimer tous les tuyaux de chauffage dans une cave. Bien entendu il est exclu de trouver un appareil de chauffage dans un coin de la cave.

L'isolement sera peut être nécessaire, dans ce cas n'hésitez pas à y recourir.

Aération, ventilation

Une cave, même close, aime être aérée. Elle ne peut sentir le « renfermé » ou des odeurs néfastes.

Si elle doit être aérée, il ne faut pas risquer les courants d'air, néfastes eux-aussi.

Une question de bon sens vous fera choisir la meilleure idée qui permettra cette aération.

Eclairage

Une cave sombre, faiblement éclairée voilà l'idéal.

Ne songez surtout pas aux ampoules de 75 w ni aux néons. La bougie n'est plus l'éclairage traditionnel, bien qu'elle reste la meilleure source de lumière. Mais vivons avec notre temps.

L'éclairage aux ampoules de sodium, est la meilleure formule.

Sinon, contentez-vous d'une ampoule de 25 w.

Sécheresse

La sécheresse a une action désastreuse sur le vin et les bouchons. Elle provoque et favorise l'évaporation du liquide et sèche les bouchons qui ne joueront plus leur charge.

Humidifier la cave avec des moyens que l'on trouve dans le commerce.

Humidité

Trop d'humidité dégrade les étiquettes, les casiers, développe les moisissures sur les murs, les rayonnages, jusque sur les bouchons.

Une humidité moyenne est concevable. 70 à 80° d'hygrométrie c'est correct. Certains spécialistes préfèrent une humidité maximale.

Dans le commerce on peut acheter les produits qui absorbent l'humidité et qui la maintiennent au pourcentage désiré.

L'achat d'un hygromètre est précieux.

Calme, vibrations

Le calme est l'ami du vin. Les vibrations lui sont néfastes car elles maintiennent le dépôt en suspension dans le liquide. La proximité bruyante et créative de vibrations (voie ferrée, route passante, aéroport, métro...) est à proscrire.

Environnement

La cave ne doit contenir que des vins et des spiritueux. La cohabitation avec certains produits est néfaste au vin.

Tous produits aromatiques, plus ou moins nocifs, chimiques, ménagers, le vinaigre, les racines odorantes, les fruits, le fromage, certains légumes... risquent de « passer » très vite dans le vin.

Rayonnages

A chaque cave, à chacun, le style, la forme, la matière qui régiront le classement pratique des bouteilles.

Les casiers peuvent être en maçonnerie, en grès (drains de poterie), alvéoles en béton, en métal ou en bois.

A savoir que toutes les bouteilles seront couchées, c'est-à-dire horizontales tandis que les spiritueux, eaux-de-vie et liqueurs seront conservés debout.

Une cave : un chantier du plaisir

En effet, quand on aime les vins, on ambitionne de les bien marier mais aussi de partager le plaisir qu'offrira leur dégustation au moment choisi avec une ou plusieurs personnes.

C'est l'un des summum de la réussite du « caviste » amateur. C'est un objectif simple, sincère et généreux.

Le « chantier » permanent — si on veut bien accepter ce mot peut être qualifié de plaisir car l'amateur y viendra souvent. Installé dans sa cave, il multipliera les soins, les étiquetages, les classements, sans compter la source de joies et de plaisirs vers laquelle il cherchera à s'abreuver.

Créer, posséder et montrer sa cave, quel plaisir indicible avant d'y plonger, comme pour communier vers le bonheur, les racines de l'amour et de l'amitié.

Le matériel de cave

Outre les casiers et rayonnages, une cave doit posséder un matériel minimum pour satisfaire le moindre travail, la plus simple manipulation.

Bouteilles vides et propres. Bouchons neufs. Etiquettes autocollantes ; petits tableaux noirs ou ardoises ; craie ; crayon gras ; verres à pied ; tastevin ; cire rouge ; petit réchaud à gaz ; bougies ; carnet de cave ; panier à bouteilles.

Si vous mettez en bouteilles

Réserver un emplacement pour un ou plusieurs fûts. Songer à placer les fûts sur des pièces de bois prévues à cet effet. Deux poutres de chêne que vous scierez à la longueur voulue formeront les supports idéaux. Ne pas oublier les cales que l'on peut découper dans les chutes de bois.

Ce tréteau peut être lui-même posé sur un champ de briques ou des supports de bois à 50 centimètres du sol.

Après usage, un fût doit être lavé et rincé. Comme avant tout usage, ne jamais oublier de le remplir d'eau pendant 2 à 3 jours avant pour détecter d'éventuelles fuites. Le bois gonfle et il sera prêt à recevoir le vin. Mais avant de mettre le vin, le tonneau sera égoutté et soufré.*

Avoir des bouteilles vides à disposition et propres. Elles seront lavées, rincées et séchées avant tout remplissage. Elles ne seront jamais remplies de vinaigre, de corps gras ni de produits aromatiques (liqueurs, anis...) ou chimiques.

Pour les fûts, le carbonate de soude ou le lait de chaux permettent un lavage efficace.

Pour les bouteilles, le sable avec de l'eau enlève le tartre, l'acide borique (20 %) ou la soude (ou encore la potasse) à 2 % les nettoient parfaitement.

Les bouchons seront passés à l'eau chaude (pendant 30 minutes) puis dans le vin à mettre en bouteilles.

Tout le matériel qui servira à la mise en bouteilles doit être propre, nettoyé et séché.

Lorsqu'on reçoit un fût, le laisser reposer pendant une bonne quinzaine de jours. Ne mettre en bouteilles que du vin limpide et brillant.

Le choix du jour est important pour la mise en bouteilles. Le temps doit être beau, clair, avec du vent du nord si on peut. La pression atmosphérique est la plus forte. La période a aussi son influence. La meilleure semble être le début du printemps (mars-avril).

Dans la bouteille, le vin qui s'écoule du robinet doit suivre la paroi du goulot pour ne pas heurter le vin sur le fond et sur lui-même.

Une mise en bouteilles se réalise jusqu'à la mise à sec du fût et sans interruption, juste au-dessus de la lie.

La lie peut être conservée pour lier des sauces au vin et pour des plats à base de vin.

On peut cacheter ou non à la cire.

Après la mise, le vin fera ce qu'on appelle sa « maladie de bouteille », pendant 2 à 3 mois. Il ne peut être dégusté ni bu durant cette période.

Les bouteilles seront rangées, les casiers étiquetés portant la date de la mise, le cru, l'appellation, l'origine du vin, l'adresse du fournisseur. Mais on notera ces mêmes références sur le registre de cave qui mentionnera aussi les entrées, les sorties des fûts, des bouteilles, le prix, des informations personnelles telles que: vin servi le ... avec tel plat, en présence de tels amis qui ont apporté cette appréciation...., par exemple et toute autre note.

Un petit appareil à boucher les bouteilles est indispensable. Il est vendu dans tous les grands magasins spécialisés, les magasins de bricolage et autres grandes surfaces.

II – L'amateur caviste

L'amateur connaît les vins

La liste des vins est longue. L'amateur de vins en connaît des dizaines, voire des centaines. Progressant dans sa curiosité, sa connaissance, sa collection de bouteilles, ses lectures spécialisées... il découvre d'autres vins.

* Soufré: votre quincailler ou un droguiste vous vendra des mèches ou pastilles de soufre dur que vous ferez brûler dans les fûts préalablement bien bouchés. Le dégagement d'anhydride sulfureux tue les mauvais germes (bacilles et champignons) qui seraient néfastes au vin.

Les livres, les revues spécialisées, les guides des vins apportent une somme de connaissances puis, sur le terrain, on s'efforce de mettre en pratique son savoir.

L'apprentissage commence, en réalité, à la vigne, au chai, pendant les vendanges ou les vinifications.

Le dialogue avec des vignerons, des négociants, des oenologues améliore le savoir et forge davantage l'amateur de propos et de termes appropriés.

Les visites de domaines affinent encore plus la connaissance. Le monde du vin est merveilleux.

L'amateur sait déguster

L'art du vin passe aussi par l'art de la dégustation. Etre capable de goûter des vins sans éprouver de fatigue mais aussi parvenir à mémoriser les arômes, le profil gustatif et situer ces vins dans une hiérarchie, une région, un pays...

La dégustation ne saurait échapper à celui ou celle qui s'intéresse aux vins. Le livre « L'harmonie des Vins et Mets »* propose une explication pour apprendre à déguster et sa technique.

Pour réussir une bonne dégustation, il est important de choisir une bonne heure dans la journée. La fin de matinée est l'heure idéale. Déguster à jeun, aux alentours de onze heures. Eviter de se laver les dents avant de déguster, de se parfumer, d'agiter des produits odoriférants... Eviter, aussi, de trop fatiguer son palais, surtout quand on débute. Déguster est un acte très fatigant, alors ménagez-vous.

Bien se concentrer pour « sentir » les arômes des vins. La phase olfactive est primordiale, elle annonce un tas d'informations au palais.

Pour déguster ensuite, pour la phase gustative (en bouche), on doit avoir une bonne bouche, ne pas hésiter à prendre une gorgée d'eau pour neutraliser le vin précédent, la mie de pain joue également le rôle de neutralisant.

Avoir l'esprit libre et disponible pour déguster, sans soucis d'aucune sorte, ni fatigue, ni maux de tête, ni rhume... sont les conditions d'une bonne dégustation.

L'œil vous aide à situer l'âge approximatif et le caractère du vin. Est-il très clair dans son rubis, il manque de matière, il peut être vif, la robe est brillante, nette, c'est un vin assez jeune. Est-il foncé, épais, opaque mais brillant, net, c'est un vin solide, tannique, charpenté, relativement jeune. Ah! le disque est orangé, la robe est pourpre mais un peu marbrée, nous sommes en présence d'un vin qui a évolué. Nous aurons un bouquet tertiaire, lui-même évolué, donc c'est un vin de quelques années (4,5 ou 6 ans au moins).

La teinte des vins évolue et posséder cette grille de nuances permet de juger ou de préjuger un vin.

Puis les arômes (voir livre L'harmonie des Vins et des Mets)* eux aussi évoluent. Le fruité, le floral des arômes primaires disparaissent avec le temps pour se parer d'arômes plus minéraux, plus animals (fourrure, tripes). Ils évoluent vers des impressions humifères, de champignons, de sous-bois, de truffe, de mousses...

Dater un vin, découvrir le millésime, l'appellation, le clos, le propriétaire, le domaine, le cru... c'est extrêmement difficile. On peut y parvenir après une longue expérience. Mais il ne faut pas avoir un complexe d'infériorité si vous vous trompez, même comme amateur reconnu. C'est le propre de tous les experts de se tromper une fois de temps en temps.

L'amateur sait acheter

En effet, l'achat est un acte essentiel quand on construit sa cave.

Etre sûr de soi, de son choix et de sa commande. Apprendre à acheter du vin nécessite du temps, des dialogues, des contacts, des démarches pour être reçu...

Comme le vin contient un fort pourcentage de bon sens et d'esprit, il est normal d'avoir recours à l'intelligence et à la psychologie quand on achète du vin. Car on déguste, on parle du vin, on parle avec celui qui l'a fait, on redéguste, on reparle du vin .... avant de passer commande.

L'acte d'achat est la première pierre du plaisir et la première joie de sa cave.

* L'harmonie des Vins et des Mets: livre écrit par le même auteur et publié chez le même éditeur.

L'amateur transporte ses vins

Certains ne reculent devant rien pour se faire plaisir et pour éviter de voir leurs vins maltraités.

Ils transportent alors leurs bouteilles dans des cartons ou leurs fûts. Un, deux ou quatre cartons dans sa voiture de tourisme, rien de plus banal. Pourquoi pas louer une estafette ou une camionnette pour assurer son propre transport? Voilà une passion vraie et sincère.

La marge économique est conséquente.

L'amateur range, gère et entretien sa cave

Ce n'est pas toujours aisé d'avoir une cave impeccable. Surtout si on a une vie professionnelle très prenante.

Mais une cave à vins doit être propre, bien rangée et bien entretenue. Si ce n'est pas pour soi qu'on le fait, faisons-le au moins pour le vin qui mérite notre respect.

Une cave se gère simplement mais efficacement. On doit tenir des comptes (car il faut payer le vin), mais aussi les mouvements des bouteilles. Procéder au marquage des casiers, à l'étiquetage de certaines bouteilles, aux notes diverses de repères...

Une cave doit être bien nette pour augmenter son propre plaisir, celui de venir se recueillir souvent devant ses bouteilles, ses casiers, ses rayonnages comme on s'installe au coin du feu, l'hiver, en rentrant du travail.

III – Comment remplir intelligemment sa cave

Achats de grands, moyens et petits vins

Lorsqu'on débute comme amateur de vins, lorsqu'on démarre une cave, on ne peut posséder les plus belles bouteilles, ni les plus chères, ni les plus réputées.

On commence par des achats faciles et avantageux. Le hasard, la chance, vous aideront parfois à rencontrer des occasions exceptionnelles. Mais cela ne se produit pas souvent.

Le reste du temps on se bornera à des achats à notre portée. Ne jamais vouloir aller au-delà de ses possibilités financières ni de ses objectifs si on ne peut les atteindre sans dommages personnels.

Alors, l'univers des vins est vaste et on se posera toujours la question rituelle: quels vins acheter?

Il faut d'abord, je crois, s'entendre sur une autre question, que vous vous posez: qu'est-ce qu'un grand, moyen et petit vin?

En réalité on divise les vins en deux catégories: les vins de qualité et les vins ordinaires. Dans la première on peut créer une subdivision: les grands vins **exceptionnels** en typicité, les vins de grande typicité et les vins de qualité typiques.

On peut aussi créer une classification à partir du plaisir recueilli. Dans ce cas on ne classerait pas les vins de la même façon et le classement qualitatif risque de subir quelques changements. Par exemple nous pourrions établir ce genre de classement: vin de bien-être, vin de jouissance, vin plaisant, vin épicurien, vin providentiel, vin d'enchantement, vin enivrant, vin pour la béatitude, vin euphorique, vin serein, vin d'or et de soie, vin gai luron, vin badin, vin jovial, vin gaillard, vin chasseur, vin flatteur, vin sensuel...

Enfin, le classement par prix. Nous n'avons qu'à reporter les prix et les vins sur un tableau. Procéder au classement.

Dans la pratique, quels que soient ces classements, il est des vins qui seront toujours perçus comme grands parce que rares et exceptionnels (Pétrus, Latour, la Romanée-Conti...) d'autres parmi les moyens (Côtes du Rhône, Bourgueil, Beaujolais) et enfin les petits (des A.O.C de petite réputation ou de bons V.D.Q.S.). Cette classification ne préjuge pas de la qualité mais seulement d'une renommée.

En fait, on dit souvent qu'on a les vins qu'on mérite et cette maxime s'avère le plus souvent très vraie.

Selon ses goûts, ses moyens, ses choix, le temps qu'on accordera à ses sélections et découvertes, ses connaissances... la cave restera le reflet de nous-mêmes.

Acheter selon son goût et celui de ses invités potentiels

Une cave est le reflet de soi-même et devrait être également celui de ses amis, de sa famille, de ses invités potentiels. C'est-à-dire des goûts qu'on ne partage peut-être pas mais que des hôtes, de temps en temps, autour de votre table gourmande, manifesteront modestement.

Lors des achats, fort de certaines connaissances des styles de consommation, faute de posséder la panoplie des goûts de ses amis et autres invités potentiels, vous commanderez des vins pour leur plaisir.

La générosité et l'esprit de partage comme celui de tolérance s'installeront dans votre cave.

Le paradoxe du choix ou acheter à l'opposé de ses goûts

Quand on se dit amateur de vins on doit aller au devant de découvertes. Si on a un goût arrêté à quelques styles de vin, ce serait dommage de ne pas tenter de se rendre à l'évidence en élargissant son choix.

On est fou de Bordeaux, on a des à-priori sur le Bourgogne, pourquoi ne pas essayer de prouver qu'on n'est pas têtu en achetant quelques bouteilles de Bourgogne bien sélectionnées ? Harmonisez ces Bourgognes avec des plats que vous aimez. Vingt fois sous le palais remettez votre vin et vingt fois disséquez-le, vingt fois « harmonisez-le ».

Cette excellente gymnastique, hors des sentiers battus -des caves et des vignobles archi-connus- durcira votre tempérament et vous assurera un nouvel esprit pour affronter des découvertes surprenantes dans les paradoxes, à l'opposé de vos goûts classiques.

Créer et maintenir sa petite cave

Une cave doit maintenir sa réputation auprès de vos amis, de vos proches, de vos voisins et même, disons-le, pour vous-mêmes.

Mieux vaut une petite perle propre, qu'on jalouse qu'une rivière de diamants ruineuse.

Une belle petite cave se cultive et doit faire l'objet d'admiration. Vous n'avez pas des vins exceptionnels ? Peu importe, continuez à classer vos Côtes de Buzet en collectionnant leurs millésimes, vos Châteauneuf du Pape de propriétaires différents, vos Alsaces... Le jour viendra où vos possibilités vous permettront de rentrer quelques grands vins. Paris n'a pas été bâti en un jour, les fastes viennent avec le temps et la patience.

Mais en attendant ces jours de bonheur poursuivez votre œuvre tout en persévérant dans la même direction.

Pourquoi pas une cave moyenne sans se ruiner ?

En effet, pourquoi pas ? Qu'est-ce qu'une cave moyenne ? Ce terme arbitraire entend définir une valeur de cave comptée en nombre de bouteilles allant de 300 à 600, en permanence. Trois à six cents, le double ?

Oui, car relatif à sa propre conception de la passion du vin, de la cave et, surtout, à ses moyens. Ce qui peut être moyen pour une personne, devient petit pour l'un ou déjà très important pour l'autre.

Ce premier point étant expliqué, pourquoi ne pas avoir une cave moyenne accessible à votre budget ?

C'est possible si on veut bien fournir l'effort nécessaire. Et se nourrir de la volonté suffisante.

La gamme riche et de qualité des vins de France, leur palette de prix très large permettent cette belle aventure. Cela demande un investissement en temps pour fouiner, fréquenter les foires et expositions, lire des revues spécialisées, consulter des guides... sans oublier les visites chez les producteurs, dans les dépôts...

Ne pas être rongé, au début, par l'ambition. Débutez votre cave modestement, simplement, sans chercher à éblouir quiconque. Pourquoi vouloir étaler un don, une richesse qu'on ne peut s'offrir et qu'on ne possède nullement ?

La création d'une cave c'est d'abord pour soi, c'est sa propre fierté, son bien culturel, intellectuel et moral.

Alors, considérée ainsi, une belle cave moyenne est à votre mesure, dès aujourd'hui.

La cave du grand amateur de vins

Le grand amateur de vins se donne les moyens de sa passion. Rien ne l'arrête sur son chemin, sauf les bouteilles de collections des ventes aux enchères vendues beaucoup trop cher, car la plupart d'entre elles sont acquises pour être exposées dans des vitrines. De plus, elles ne sont pas toujours « buvables », car trop anciennes, mal conservées ou trop manipulées.

D'ailleurs, un grand amateur de vins possède quelque peu l'âme d'un collectionneur sans en avoir tous les défauts, certes, mais sa cave reflètera tôt ou tard la mesure de sa folie.

Cette cave se transmutera en caverne vinique d'Ali-Baba. Son propriétaire investit énormément dans la recherche, la dégustation, la sélection et l'achat. Il ne compte pas son temps et, à la limite, son argent.

La cave selon ses moyens et son tempérament

Deux caves à vins ne se ressemblent pas. Elles sont, chacune, le reflet exact de leur propriétaire.

Comme il est dit plus haut, créer avec modestie et simplicité. Bien connaître ses objectifs, s'assurer à la fois d'un plan de sélection (régions, crus, A.O.C., propriétaires, nombre de bouteilles total, nombre de bouteilles par catégories...) et d'un plan financier.

Avec une mise à jour de sa propre personnalité face à son désir de créer sa propre cave, bien considérer ces deux éléments essentiels, dynamiques, dont dépendra le succès: selon ses moyens et selon son tempérament.

Le tempérament importe aussi. Un être taciturne, mal dans sa peau, égoïste possédera une cave misérable. Un homme vertueux, bon vivant, généreux, altruiste aura une cave éclectique, spacieuse, riche et variée. Même si le premier est plus aisé que le second.

Votre tempérament entre dans la conception de votre cave. Il faut en tenir compte. Si vous avez un tempérament difficile et plutôt négatif et que vous vouliez créer une cave personnelle, mon conseil sera simple: changez votre tempérament ou votre profession!

La cave selon sa santé

La santé c'est important. Nous ne sommes pas tous, hélas, exempts de petits et grands maux. Chacun de nous a quelque chose de plus ou moins grave, d'ennuyeux, de chronique ou d'aigu de temps en temps.

Certains médecins prétendent que le vin bu modérément est bon pour certains de leurs malades. Pas tous, mais une bonne partie. Il est des vins, disent-ils, qui sont médecins. Sa faiblesse en alcool, ses tanins, ses acides, ses polyphénols, ses aldéhydes, ses protéines, ses glucides... Le vin est complexe comme notre vie et il est lui-même un corps vivant.

Le vin blanc est diurétique, les vins rouges de Bordeaux antianémiques car contenant du fer... autant d'explications pour chaque région viticole et leurs crus (lire le livre du docteur A. Maury: Les vins et la santé) et, à mon humble avis, il y a du vrai là-dedans. Pourquoi les eaux minérales possèdent-elles leurs vertus face aux malades et pourquoi pas le vin qui, comme nous le savons, est une eau végétale (le vin contient 80 % d'eau) qui rend de nombreux vignerons centenaires. Alors?

Il vous est possible, si vous le désirez, d'orienter votre cave, le choix des appellations, des crus et des marques en fonction de votre santé ou de celle de vos proches.

Combien de bouteilles dans sa cave et lesquelles

C'est le début du plaisir. Lorsqu'on commence à remplir sa cave, le bonheur vous prend tout entier pour ne plus vous lâcher. Si vous vous écoutiez vous resteriez enfermé dans votre cave, non pas pour vider les bouteilles et vous saoûler — vous faites partie des gens convenables, ne l'oubliez surtout pas, mais pour vous enivrer de la poésie de l'atmosphère, du rangement, du classement...

Vous voilà en train de caresser les étiquettes, d'emplir le nez des arômes réglissés du bois des caisses, de régaler vos yeux de ces titres gourmands et alléchants: Saint-Emilion, Chinon, Nuits Saint-Georges.

Considérons trois cas de figure: la petite cave, la cave moyenne et la cave du grand amateur.

Petite cave

Une petite cave contiendra de 80 à 100 bouteilles et représentera un capital d'investissement d'environ 1 000 à 1 800 F.

Ventilation

• 6 à 10 vins blancs secs:
Alsace, Loire, Provence, Languedoc, Bordelais.
• 2 à 4 vins moelleux:
Dordogne, Anjou, Bordelais.
• 9 à 15 vins rouges:
• 5 à 10 légers, fruités, peu tanniques.
– 4 à 5 rouges corsés Bordelais, Bourgogne, Côtes du Rhône, Languedoc-Roussillon, Beaujolais.
• 2 champagnes.

On ne peut posséder moins de trois bouteilles par type sus-nommés ce qui fait bien le compte, de 80 à 100 bouteilles.

Cave moyenne

Comme il est dit précédemment, une cave moyenne est une expression relative. Nous avons considéré deux quantités: 300 à 600 bouteilles.

Ventilation de son contenu

• 15 à 20 blancs secs
• 6 à 8 blancs moelleux
• 8 à 10 rosés
• 75 à 100 rouges
• 8 à 10 champagnes
• 6 à 8 vins spécifiques:
V.D.N.- vin jaune — vin de paille...

Avec, bien entendu, de 3 à 4 bouteilles par type de vin. Cette cave moyenne portera une valeur d'environ 5 000 à 13 000 F. en capital d'investissement.

Cave du grand amateur

Cette cave n'a plus de limites. Sa valeur également. L'investissement sera très important et, dans le temps, cette cave prendra une valeur conséquente pouvant devenir presque inestimable au bout de plusieurs années.

C'est le propre de toutes les caves d'amateurs passionnés par tous les aspects du vin. A ce niveau de passion, la France viticole leur est trop étroite. Ils s'intéressent à tous les vins étrangers expressifs, de qualité, qui portent une typicité toute particulière.

Ventilation de son contenu

Cette cave contient tous les vins qui passionneront le grand amateur. Et ils sont nombreux. Les grands vins, les grands millésimes mais aussi des vins secrets, méconnus, mal aimés avec un tempérament très spécial. Ce ne sont pas tous des vins coûteux, certains sont même très abordables, mais leur personnalité est tellement attachante!

La liste est longue. Consulter le chapitre prévu à cet effet en fin d'ouvrage.

Savoir gérer sa cave

L'entretien des bouteilles, l'état des stocks et le renouvellement

Une cave c'est comme un coffre-fort. Ca se surveille. Il faut venir dans sa cave de temps en temps, veiller à ce que les bouteilles soient bien rangées. Une distraction a pu faire placer une bouteille dans un casier qui n'est pas le sien. Une erreur sur les ardoises ou les cartons, un millésime décalé, etc...

Au bout de quelques années, on prélèvera une bouteille par-ci, par-là pour les mirer, voir leur « propreté intérieure », se rendre compte de l'évolution des dépôts, de la brillance du liquide et l'état de mûrissement.

Maintenir l'état des stocks pour ne pas manquer du vin préféré, le vôtre ou celui de votre épouse. De ce fait vous préparerez régulièrement vos commandes ou vos déplacements chez vos fournisseurs.

C'est drôle, mais le renouvellement est un acte plus négligé qu'on ne pense. Prévoyez d'en faire un poste privilégié.

Vous avez un problème dans votre cave? Sachez à qui vous adresser

On n'est jamais à l'abri d'un « pépin ». Tout incident ou accident peut arriver.

Prévoir l'imprévisible. Comme vous avez dans votre tiroir de bureau ou celui de la table de cuisine la liste des premiers secours et leur téléphone, ayez dans la cave la liste des personnes ou organismes susceptibles de vous aider en cas de problème majeur.

Cette liste comprendra les renseignements suivants:

- nom du menuisier, serrurier, forgeron d'art, électricien, plombier, maçon... Les corps de métiers spécialisés dans ces diverses disciplines, avec le téléphone et l'adresse.
- nom, adresse, téléphone de vos fournisseurs habituels: bouteilles, bouchons, étiquettes... et des vins.
- nom, adresse, téléphone de spécialistes du vin: oenologues, experts en vins auprès des commissaires priseurs, techniciens de laboratoires d'oenologie, d'amis amateurs et connaisseurs en vin, de journalistes ou d'organes de presse spécialisés...

Une liste utile, à tous moments.

IV – Le livre de cave et le service du vin : Un florilège de plaisirs et de moments de bonheur

La cave, refuge secret de l'amateur de vins et du cuisinier

Le vin est bu, le plus souvent, à table, pour accompagner le repas. L'amateur de vins et le fin gourmet se confondent la plupart des fois (pour ne pas dire toujours) en une seule et même personne. Quand il n'est pas (disons-le) bon, sinon très bon cuisinier lui-même.

L'art de la gastronomie ou de la gourmandise et celui du vin ne font, eux aussi, qu'un. Le vin est le complément de la nourriture et il faut savoir marier non seulement les vins et les mets mais connaître surtout les alliances et les mésalliances de goût. Certains partenaires, dans une assiette (la tomate, le cerfeuil, un agrume acide...par exemple) peuvent ne pas convenir avec tel vin. Cette relation qu'on peut appeler mariage d'amour ou divorce, mérite d'être prise en compte.

Comme tout créateur et artiste, l'amateur de vins et le cuisinier (en une seule ou en deux personnes) aiment se retrouver dans la cave pour chercher l'idée géniale qui fera avancer cette recherche permanente du goût et des sensations.

Il a été mis à la mode le principe de choisir le ou les plats en fonction du vin et non le contraire comme de coutume. C'est une excellente idée, en effet, de construire son repas autour d'un ou plusieurs vins. C'est lui le seigneur, lui qui a réclamé de la recherche, de la patience, un investissement en temps et en argent.

En réalité, mettons les choses en ordre. Le vin est trop considéré comme un seigneur pour ne devenir que valet. Offrons-lui, donc, la place qu'il mérite, mieux, qui lui revient de droit. Adapter les mets aux vins. Ce sera plus simple et la vraie fête débutera solennelle et digne.

Ce n'est point sorcier mais les amateurs de vins et de bonne cuisine en sortiront grandis.

Le choix de la bouteille selon le moment

Selon l'heure, le temps, l'humeur, les convives, les amis, l'environnement, autant de paramètres qui vous commanderont de choisir tel vin plutôt que tel autre.

Ce raffinement permet d'adapter notre état à un moment précis avec le vin qui n'est plus seulement un liquide alcoolisé, légèrement tannique... mais en un chef-d'œuvre, un élément de civilisation, un symbole culturel, un facteur de rêve et de plaisir.

Un jour d'hiver, venteux, pluvieux ou neigeux, par −10°C vous ne consommerez pas le même repas qu'un jour d'été chaud, en bordure de mer, avec des amis de longue date que vous retrouvez. D'ailleurs, remarquez que vous n'êtes pas habillé de la même façon et votre corps ne ressent pas les mêmes effets, ni les mêmes douleurs ou plaisirs.

Alors en matière de consommation, sachez passer d'une nutrition austère, grossière, primitive à une nutrition intelligente, où le plaisir vient au rendez-vous.

Les vins auront un sens et une place dans cette symphonie culturelle.

Une flûte de champagne égaiera l'apéritif du matin, vers midi, les pieds presque dans l'eau et la tête à l'ombre d'un parasol. Un Banyuls réchauffera le cœur des amis retrouvés, un jour de printemps, dans votre salle à manger et restituera le soleil de cette journée un peu grise... A table, ce repas du soir, alors que la tempête gronde dans la cheminée et que février n'en finit pas d'étirer son long manteau blanc sur la région parisienne, vous choisirez ce Bourgogne de la Côte de Nuits, aussi rouge et brillant que cette perle pourpre qu'une dame porte à son cou. Ce vin chaleureux, corsé, dense, aromatique transmet des sensations qui passent comme le magnétisme dans le cœur de chaque hôte. Tout le monde se sent bien. On communie et on se charge d'énergie nouvelle...

Ce sont quelques exemples qui justifient des choix différents de vins. A vous de sélectionner vos bouteilles en fonction de ces paramètres naturels.

Le service des vins

Ah! le service des vins, voilà l'éternel problème de société. Il n'est pas un nouveau couple qui ne pose la question mais aussi des gens d'un âge respectable: comment bien ouvrir une bouteille? Quand faut-il décanter? A quelle température? Comment chambrer? Comment servir?

Voyons ces divers points dans l'ordre.

Température de service

D'abord, sachons que les bouteilles de la cave sont montées à la salle à manger pour être mises à la température idéale. Certaines seront chambrées (les vins rouges de garde en particulier sauf pour les vins jeunes, fruités), d'autres mises au frais (vins blancs et rosés en général ainsi que quelques vins particuliers: champagne, vins doux naturels...).

Nous modifierons le profil organoleptique des vins pour qu'ils soient apprêtés le mieux possible pour la fête. C'est leur offrir une parure de charme pour nous séduire encore plus.

Mais sur la table la température du vin évolue. Le vin prend environ un degré centigrade toutes les dix minutes dans une ambiance d'environ 18-20°. Lorsqu'une pièce est très chauffée (25°C par exemple), la température du vin variera plus vite. Donc se méfier de ce réchauffement.

On servira les vins en dessous de leur température de service. Environ 2 à 3 degrés dans une pièce assez climatisée mais 3 à 4 degrés lorsque la température ambiante s'élève à 25 — 28°C. Cela permet d'atteindre la température de service au cours du repas. Pour les vins frais (servir à environ 8°), le problème ne se pose pas car on les conserve le long du repas dans un seau à glace.

Quand on sert, ne pas verser trop de vin dans les verres car il s'échauffe beaucoup plus vite, pendant le repas. Bien retenir l'idée qu'il vaut mieux servir plus frais que trop chaud.

Tableau des températures				
VINS	TEMPERATURES			
	Hors repas		Pendant repas	
	Min.	Max.	Min.	Max.
Blancs secs	7°	8°	9°	10°
Rosés	8°	9°	8°	9°
Rouges jeunes	12°	13°	12°	13°
Blancs moelleux	8°	9°	9°	10°
Rouges moyennement corsés	14°	15°	15°	15°
Rouges corsés	15°	16°	16°	18°
Vins champagnisés Champagnes	7°	8°	8°	9°
Vins doux naturels				
a/jeunes	6°	8°	7°	9°
b/plus âgés	7°	8°	8°	9°
Vins jaunes	10°	11°	11°	12°

Pour connaître et contrôler les températures, achetez un thermomètre à vin, c'est pratique et plus prudent.

DESNOULEZ
DEJOUX
PATENTED

Sachez ouvrir une bouteille proprement

Avec un couteau découper la capsule sous la bague pour bien dégager l'ouverture de la bouteille.

Choisir un excellent tire-bouchon, avec des spires larges, bien espacées qui « prennent » bien le bouchon. A partir de là vous avez un grand choix de tire-bouchons construits selon des principes différents, avec ou sans levier, avec démultiplicateur, avec crémaillère, avec rotation, immobile...

Le bouchon sera retiré avec douceur pour éviter d'être abîmé. Nettoyer le haut du goulot ainsi que l'intérieur immédiat avec un tissu propre.

On flairera le bouchon pour déceler une odeur particulière notamment le fameux « goût de bouchon » qui, à ce stade, est une « odeur de bouchon ». Cette découverte (malheureusement) préservera d'une surprise désagréable pour la suite.

Le rôle du chef de maison se poursuit par un acte essentiel du service, celui de goûter le premier. On s'assure ainsi de la bonne tenue du vin et, surtout, qu'il correspond aux espoirs qu'on plaçait en lui en le choisissant.

Vous êtes prêt pour passer au service proprement dit. La seconde phase — essentielle, elle aussi — est de déguster ce vin dans les règles de l'art. A table, on vous dispensera de rejeter le vin (comme on le pratique pendant les séances professionnelles de dégustation). A table, vous devez avaler, c'est bien naturel.

Si votre table d'hôte est bien garnie (plus de quatre personnes) soyez prévoyants. Préparez le nombre de bouteilles nécessaires au repas. Ne soyez pas surpris par un manque de vins qui ne seraient plus à la température idoine.

Certains auteurs et spécialistes réprouvent l'utilisation du réfrigérateur et, même, du congélateur. En réalité, que l'on rafraîchisse des vins blancs, rosés ou de méthode champenoise au seau à glace ou au réfrigérateur (et congélateur) n'a guère d'importance. La règle, pour le vin dans sa bouteille, est qu'il ne faut pas de brusques modifications de température. Cela fatigue le vin et il réagit très mal. Une bouteille placée dans le bas du réfrigérateur prendra des frigories progressivement. Ensuite, au bout d'une demi-heure on peut la mettre dans le congélateur si besoin est, ou, tout simplement, pour lui donner une charge de frigories supplémentaires avant le service. Dans le congélateur ne pas laisser la bouteille au- delà de 20 à 25 minutes.

Quand et comment transvaser ou décanter

Le transvasement peut s'appliquer pour un vin plus ou moins jeune. Son but n'est pas de séparer le dépôt du liquide limpide mais d'aérer le vin.

Le fait de verser le vin d'une bouteille dans une carafe renflée, aux parois arrondies, oxygène le liquide. Le vin respire et exhalera ses plus secrets arômes. Au palais, il charmera nos papilles et cet acte lui permet de passer d'une structure figée à une autre plus épanouie et plus vivante.

La dégustation seule déclenche cette phase de transvasement. Le vin de la bouteille versé dans votre verre vous exprimera ses désirs. La teinte, la limpidité et le coup de nez (première impression olfactive) vous encourageront dans cet acte ou à verser directement dans les verres.

Vins jeunes : un vin blanc sec doit être brillant avec des reflets verts. Un vin rosé aura une robe nette, fraîche et franche. Un vin rouge, robe brillante, très limpide, couleur nette.

Tous ces vins, au nez, doivent dégager des arômes floraux ou fruités, quelquefois un peu épicés ou avec des expressions végétales.

S'ils ne présentent aucun arôme, il faudra transvaser. Souvent, en bouche, ces vins confirment, leur assoupissement et leur mutisme. Il faut les aider à se réveiller.

Vins plus âgés : certains vins, avec l'âge, s'engourdissent, s'ankylosent et, à l'ouverture d'une bouteille, réclament un temps plus ou moins long pour reprendre leurs forces.

Un vin blanc sec prend une teinte plus jaune doré. Un vin rosé se fane. Un vin rouge prend une couleur un peu plus ambrée ou tuilée. C'est la règle générale du mûrissement dépassé.

Mais il peut se faire qu'un vin d'un certain âge ait besoin d'être transvasé contrairement à d'autres qui s'épanouissent immédiatement.

La décantation consiste à transvaser le vin d'une bouteille dans un autre récipient (une carafe ou une sorte d'aiguière, très joliment décorée) pour retenir le dépôt dans la bouteille.

Cette opération implique tout un savoir-faire. Lorsqu'on décide de décanter une bouteille, ce n'est pas pour épater ses hôtes. L'opération du décantage est recommandée par l'état du vin (souvent assez âgé) dans son récipient. Ce vin, pendant les longues années passées en cave, a déposé des matières solides. Preuve d'une vie lente mais toujours présente.

Déposer lentement la bouteille, toujours horizontale, sur la table ou dans un panier à décanter. Enlever la capsule à l'aide d'un couteau, toujours sous la bague et avec une fente en hauteur on la dégage.

Il est conseillé d'enlever totalement la capsule pour bien voir le vin dans son écoulement. Essuyer la colle et les matières séchées du goulot. Enfoncer délicatement le tire-bouchon sans bouger la bouteille et extraire le bouchon toujours aussi délicatement.

Essuyer encore le dessus du goulot ainsi que l'intérieur. On sent le bouchon. On allume une bougie, elle servira de source lumineuse pour mieux voir la limpidité du liquide et le dépôt.

On verse lentement, le vin doit s'écouler le long de la carafe de décantation, sans brusquerie et sans bruit. On déguste toujours après décantation.

Enfin vous êtes prêt à servir.
Attention toutefois à la fameuse goutte après avoir versé dans un verre. Si vous êtes doué, un coup de poignet suffit à éviter la coulure. Sinon essuyez le goulot avec une serviette après chaque remplissage.

AU CHATEAU

Ficher et classer ses vins

Tout vin qui entre dans sa cave doit être fiché puis classé dans un répertoire ou livre de cave.

On adoptera un principe simple et classique ou celui de son choix, mais ne jamais être complexe pour vouloir « faire professionnel ».

En suivant cette règle et en contrôlant régulièrement ses vins en cave, on est sûr de gérer son bien au mieux.

Dans leur casier, les bouteilles seront identifiées par une fiche qui portera le nom de l'appellation, le millésime, le nombre de bouteilles achetées le ... et aussi le ...

La couleur R (rouge), r (rosé), B (blanc) et le nom du propriétaire, du négociant ou de la cave (coopérative, détaillant, dépôt...).

Cette fiche doit être visible et bien accrochée. Elle portera un numéro d'emplacement.

Fiche pour casier

E 4

(numéro de casier)

Appellation :

Millésime :

Nombre de bouteilles achetées

(mettre une x dans la case)

1	2	3	4	5	6	7	8	9	10
11	12	13	14	15	16	17	18	19	20
21	22	23	24	25	26	27	28	29	30
31	32	33	34	35	36	37	38	39	40
41	42	43	44	45	46	47	48	49	50

Dates d'achats :

1

2

3

4

5

Couleur : R-r-B

Fournisseurs.

Créer un plan de cave

Lorsque votre cave sera bien structurée, faites un plan de cave que vous photocopierez en cinq ou six exemplaires, car vous risquerez de modifier plusieurs fois vos emplacements.

Ce plan de cave comportera un plan général vu du dessus et des séries de plans représentant chaque portion de casiers.

Plan de votre cave par exemple

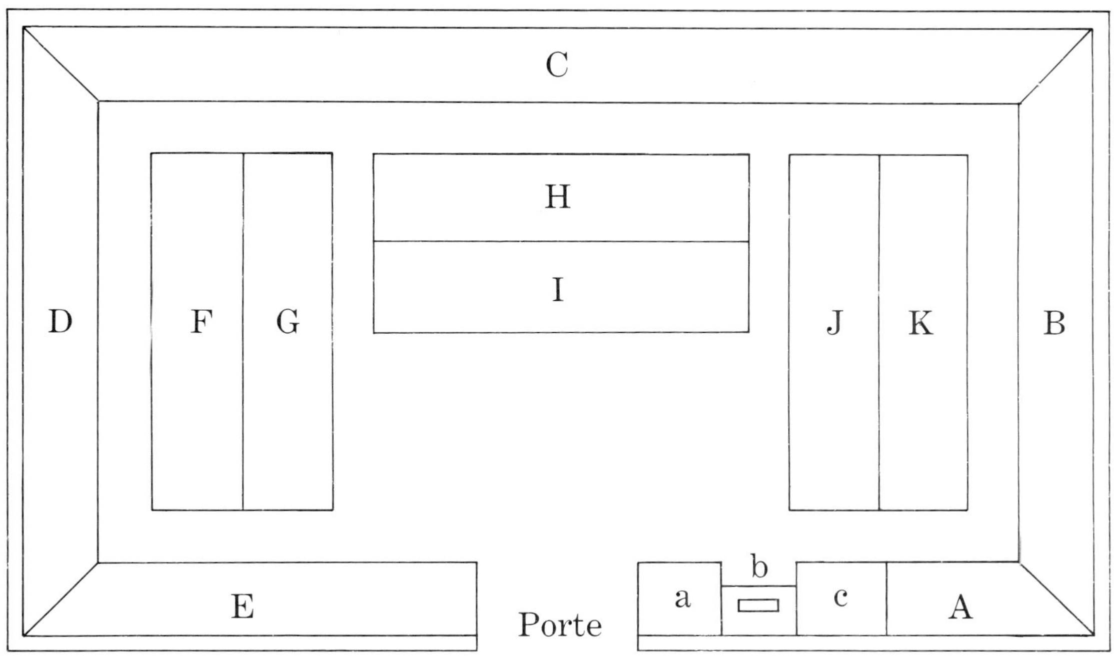

a Table à décanter
b Evier
c Armoire de rangement
A Vins de Jura et Savoie
B Vins de Provence et du Languedoc-Roussillon
C Vins de Bordeaux
D Vins de Bourgogne
E Vins d'Alsace
F Vins de Champagne et Mousseux
G Vins du Val de Loire
H Vins doux naturels
I Côtes du Rhône
J Beaujolais/Gaillac
K Eaux-de-vie/liqueurs/cidre/eaux minérales

1	2	3
4	5	6
7	8	9
10	11	12

A

B

1	2	3	4
5	6	7	8
9	10	11	12
13	14	15	16

Portions de casiers

A1: vin jaune 1972 de chez ...
A2:
etc ...
de même pour B,C,D,E,F,G,H,I,J,K

Livre de cave

Quand on ne possède, dans sa cave, qu'une cinquantaine de bouteilles on peut tenir un registre mais, en principe, cela ne pose aucun problème de gestion.

Lorsqu'on dépasse les 150 bouteilles, d'abord c'est bon signe et, d'autre part, il ne faut pas se laisser déborder. Donc commencer à tenir un livre de cave.

Le livre de cave permet de mieux connaître son bien mais il évite surtout des manipulations. Celles-ci prennent du temps et agitent inutilement les bouteilles qui n'apprécient guère ce chambardement.

Un livre de cave doit être clair, net et surtout sans tache. Il portera de nombreuses informations que je ne développerai pas ici. Il suffit de noter face à chaque mot ou expression de mots imprimés ou de cocher des cases d'une croix.

La simplicité du livre de cave vous évite de perdre du temps et de retrouver le détail, l'élément que vous recherchez, facilement.

La fiche de dégustation

Une cave est un lieu de dégustation, donc on doit y trouver des fiches, elles aussi, simples, à la portée de tout dégustateur.

<table>
<tr><td colspan="2">APPELLATION : ____________
MILLESIME : ____________ MARQUE : ____________
FOURNISSEUR : ____________ DOMAINE : ____________</td><td>DATE D'ACHAT
____________</td></tr>
<tr><td>ASPECT

Couleur
Brillance
Limpidité
Défaut</td><td colspan="2"></td></tr>
<tr><td>OLFACTION

Arômes
Bouquet
Intensité</td><td colspan="2"></td></tr>
<tr><td>EN BOUCHE

Saveurs
Tanins
Moelleux
Acidité
Alcool
Salinité
Equilibre

FLAVEURS

(rétro-olfaction
ou arômes de bouche)

Intensité
Persistance
Qualité
Nature

FINALE</td><td colspan="2"></td></tr>
<tr><td>OBSERVATIONS :</td><td colspan="2"></td></tr>
</table>

La dégustation à la cave avec ses amis: un acte « religieux »

Lorsqu'on reçoit d'autres amateurs de vins, des amis de la profession du vin et autres éminents spécialistes, la cave est le lieu privilégié pour une réunion ésotérique.

D'ailleurs, la cave idéale, quand on a la chance de posséder une cave assez vaste, devrait comporter un coin de réception, sorte de caveau de dégustation.

C'est là qu'on reçoit ces amis cités plus haut. L'heure est alors à la communion, au travail de dégustation et aux cantiques oenophiliques. Contrairement à ce que pense l'abstème ou l'anachorète, ces rencontres n'ont rien d'orgiaque ou de bacchique. Une dégustation en règle est une séance de travail où l'intellect et le langage de précision entrent pour une bonne partie.

De plus, ce genre de rencontre permet à chacun de s'élever, de se cultiver et de mieux pénétrer ce sujet.

Savoir parler du vin; savoir s'exprimer sur le vin et les sensations qu'il procure. Vocabulaire et lexique

L'approche visuelle et olfactive puis la mise en bouche du vin permettent d'évoquer maints souvenirs, nombres d'expressions imagées. Une couleur rappelle un tissu, un décor.. un fruit. Un arôme fait penser à une fleur, un fruit, une racine, une tige, une épice, à certains objets ou éléments bien précis de la nature. Dans la bouche on ressent des sensations qui rappellent des volumes, des aspérités, des formes mais aussi globalement on ressent du plaisir.

C'est donc par analogie que l'amateur de vins peut s'exprimer pour dire ce qu'il voit, sent et ressent. D'où une panoplie de métaphores et un vocabulaire très imagé.

Bouquet:

Brûlé: odeur

O

...ux:

Balsamique: c...

...rdant: vin qui mord,

Dépouillé: un

Marc: vin qui

Succulent: vin

...btil:

Nouveau: vin

Terroir:

Goûts: mauvais

G

Vinosité:

Harm...

Ardent ou ...

...: vin fatigué

Suave: vin

Grain: c'est un

Vigou...

Apre: vin âpre,

Noble: vin

Banal: vin

Généreux: vin

Velouté:

Opalescent: vin

Bouchon: goût du

Grossier: vin

U

Glycérol: c'est

Aromatique: un vin

LEXIQUE
&
VOCABULAIRE DES VINS

A

Accrocher: quand un vin est astringent, il accroche.

Ascescence: forte odeur de vinaigre, le vin devient piqué. Le vin dégage de l'acide acétique et de l'acétate d'éthyle.

Acide: saveur picotante au bout de la langue. L'acidité fixe constituée par les acides tartrique, malique, citrique, succinique, lactique... L'acidité volatile (ne doit pas dépasser 0,80g/l) constituée par l'acide acétique et l'acide butyrique.

Affriolant: vin qui possède un charme ensorcelant.

Aigre: vin qui a une odeur de vinaigre.

Alcool: c'est le corps du vin et l'élément puissant de conservation du vin.

Amande: (le plus souvent amère) peut provenir de vins trop souvent traités par un emploi excessif de ferrocyanure de potassium (un goût prononcé peut ressembler au parfum de géranium).

Ambre: couleur ambre, d'un jaune ambré, apparaît toujours chez les vins oxydés et vieux.

Amertume: saveur semblable à un goût d'écorces amères ; peut provenir à la suite de vendanges non égrappées.

Anémique: vin sans caractères, il est maigre.

Animal: expression aromatique: fourrure, poils, rôti, venaison, musc, ambre, cuir, tripes.

Apre: vin âpre, il est rude et astringent. L'âpreté est liée à la richesse en tanin.

Ardent ou Ardeur: c'est l'ardeur d'un vin, sa chaleur qui semble nous emporter, c'est dû à la richesse alcoolique. Trop d'alcool.

Aromatique: un vin aromatique est celui qui embaume. Il est exaltant et pénétrant.

Arôme: il est apporté par le raisin. Certains cépages ont un arôme spécifique (exemple: muscat, cabernet, traminer). C'est l'arôme primaire. L'arôme s'atténue avec l'âge faisant place au bouquet: arôme secondaire et arôme tertiaire.

Aspect: il donne la santé du vin. Les vins doivent être clairs et brillants. On dit qu'un vin est: brillant, transparent, limpide, clair, voilé, terne, louche, opalescent, laiteux, trouble, bourru, très trouble, sale.

Aspérités: tanins jeunes donnant au vin une âpreté maximale.

Astringence: le vin est trop riche en tanin, ce qui provoque le resserrement des muqueuses buccales.

Austère: vin fortement corsé, sans moelleux. On dit aussi raide ou sévère.

B

Balsamique: c'est le terme désignant des odeurs particulières telles que celles de la vanille, l'encens, le pin, la résine, le goudron.

Banal: vin très ordinaire dans ses expressions réduites au minimum de leur présence.

Battu: vin fatigué (mal traité ou agité).

Bien en bouche: harmonieux, qui remplit la bouche.

Bois: goût de bois. Vin qui sent le fût mal lavé ou neuf.

Bouchon: goût du bouchon en liège ou moisi.

Bouquet: ensemble d'odeurs aromatiques, rapprochées des fruits ou des fleurs. Le bouquet secondaire provient de la « fermentation aromatique ».

Bourru: vin jeune, possédant des matières colorantes en suspension. Il est pulpeux mais sain.

Brillant: vin clair, limpide, jetant des feux et des reflets.

Brûlant: certains vins donnent une sensation de chaleur provoquée par l'alcool éthylique. Les eaux-de-vie ont cette propriété.

Brûlé: odeur d'une matière végétale partiellement carbonisée (voire grillée).

C

Capiteux: vin riche en alcool et au bouquet puissant. On dit qu'il donne mal à la tête, qu'il a du « feu ».

Caramel: goût de cuit et de sucre brûlé.

Caudalie: persistance aromatique intense dont la durée est d'une seconde.

Cassé: vin malade (voir maladies et altérations), un vin cassé est louche.

Chair: un vin bien en chair a du gras et de la consistance.

Charnu: c'est un vin qui a de la chair, du corps qui donne la sensation de mordre dans un fruit. Il a du volume.

Chaleur: sensation de tendresse et de bien-être que dégage un vin. Rien à voir avec le caractère brûlant. On dit aussi chaleureux.

Charpenté: vin équilibré et harmonieux dans ses constituants principaux (alcool, acide, tanin, sucre...).

Chaud: l'alcool et la glycérine donnent une sensation de chaleur spiritueuse et de rondeur.

Clair: vin limpide, transparent. Peut signifier aussi une couleur légère.

Coloré: qui a de la couleur. Chargé en matières colorantes.

Complet: vin équilibré, tant dans ses constituants principaux que dans ses esters, ses bouquets et arômes.

Complexe: sensation d'une multiplicité d'expressions et de notes (olfactives ou gustatives) qu'on ne peut dissocier.

Corps: un vin qui a du corps est un vin riche en alcool et en extrait sec. Il a de la vinosité.

Corsé: vin riche en alcool, bien constitué.

Coulant: vin présentant de la rondeur, de la tendresse, du moelleux; il peut être souple, élégant, gouleyant, plein de finesse et d'onctuosité.

Couleur: c'est la robe d'un vin. La gamme est riche et variée. Elle varie avec le temps.

• Dans le rouge on distingue: le rubis, grenat, pourpre, cerise, le rouge vif, incarnat, orangé, marron, pelure d'oignon.

• Dans le rosé: rosé clair, gris, brique, rouge, grenadine, paillet, clairet, terre cuite, œil-de-perdrix, rouge d'Espagne, pelure d'oignon, blanc de rouge, rose.

• Dans le blanc: jaune léger clair, vert, verdâtre, olive, or, orvet, jaune serin, jaune doré, mordoré, chocolat, jaune-paille, jaune-roux, jaune-ambré, topaze brûlé, ambré, vermeil doré.

Quand les vins vieillissent, la teinte peut devenir « rancio », « fauve », « feuille-morte ».

Court: sensation fugace, brève. L'arrière-goût disparaît tout de suite.

Creux: absence de certaines sensations. Déséquilibre.

Cristallin: très brillant.

Cru: délimitation d'un terroir produisant des vins à caractères spécifiques, dépendant des cépages, du microclimat et du terrain.

Cuvée: assemblage de vins à caractères spécifiques ou vins déterminés par un facteur puissant: un cru, un terroir, un microclimat, une exposition.

D

Décharné : sans chair, mince, dépouillé.

Décoloré : dépouillé d'une partie ou de toute sa couleur.

Délectable : vin qui offre tous ses charmes qu'on découvre petit à petit.

Délicieux : vin parfait qui laisse rêver.

Décharné : vin dénudé de ses meilleures qualités.

Dégénérescent : vin qui perd au fur et à mesure avec le temps ses qualités.

Délicat : vin qui possède des parfums subtils, il est élégant et harmonieux.

Dénaturé : on ne retrouve plus les caractères habituels qui déterminent ce type de vin. Sensations masquées par d'autres.

Dépouillé : un vin est dépouillé s'il a perdu sa couleur et sa puissance.

Déséquilibré : manque d'harmonie ; peut avoir un constituant dominant et brutal qui donne une fausse note.

Desséché : vin qui n'a plus de rondeur, de moelleux, de chair. Un vin peut dessécher quand ses tanins « sèchent » la bouche (langue-palais).

Distingué : vin plaisant et racé prenant l'allure d'un grand seigneur.

Douceâtre : déséquilibre des constituants sapides. Le sucré domine mal.

Douceur : sensation douce, sucrée. Les vins blancs peuvent présenter cette sensation. Les vins rouges ne doivent pas avoir ce goût, ce serait un défaut.

Doucereux : vin qui tend à devenir douceâtre.

Doux : agréable, la saveur sucrée dans un parfait équilibre avec les autres constituants sapides. Préféré au mot « sucré ».

Dur : c'est un vin mordant, avec un excès de tanin et de tartre.

E

Elégant : vin qui offre des qualités harmonieuses et ses parfums laissent découvrir des nuances délicates.

Empyreumatique : odeur, goût de l'empyreume. Odeur, goût des substances végétales ou animales (organiques, soumises à la distillation ou à l'action d'un feu). Ce n'est pas du « grillé » ni du « brûlé ».

Epais : sensation visuelle d'épaisseur de matière dans la couleur. Sensation gustative d'épaisseur de matière, d'extrait sec (sensation tactile).

Epanoui : vin qui est dans sa gloire aromatique et gustative.

Epicé : sensation olfactive et gustative rappelant des épices. Peuvent être plus ou moins piquantes (poivre).

Equilibré : vin présentant une harmonie dans la proportion de ses constituants.

Ethanal : (acétaldéhyde ou aldhéhyde éthylique). Propre à certains vins madérisés (vin jaune).

Etoffé : vin bien charpenté, complet, plein. Ce vin a du caractère et du buste.

Eventé : goût oxydé, faible et plat. Peu ou pas de bouquet.

F

Fade: vin sans agrément, sans caractère.

Faible: vin sans couleur, mince, pauvre en alcool, en extrait sec, et très léger.

Faiblir: un vin qui perd sa couleur et sa vinosité.

Fait: vin qui est arrivé au maximum de ses possibilités qualitatives.

Fatigué: état d'un vin qui vient de subir un voyage, des manipulations ou un traitement.

Féminin: qualifie des vins tendres, souples, fondus, élégants...

Ferme: vin à dominante acide et tannique mais sans dureté.

Fermé: vin non épanoui.

Fermeté: c'est un vin qui a du nerf et du mordant mais sans déséquilibre. Il n'est pas encore fait. Synonyme de ferme.

Feu: vin qui donne une pointe de chaleur subite grâce à sa richesse alcoolique.

Filant: vin qui coule comme de l'huile.

Fin: vin délicat, plein de bouquet et charmant.

Finesse: le vin présente un état de perfection totale, ayant en plus de l'élégance et du raffinement.

Finir: un vin finit bien ou mal, suivant que ses promesses odorantes sont tenues ou pas, une fois dégluti.

Flaveur: c'est un terme qui assemble plusieurs sensations olfactives et gustatives perçues pendant la dégustation mais à l'exclusion d'autres sensations (tactiles, thermiques, chimiques) et même les sensations des saveurs (sucré, acide, salé, amer).

Fondu: sensation olfactive donnant l'impression que les notes florales, fruitées, animales sont difficilement discernables. Elles se fondent dans une même expression. Signe d'élégance.

Force: un vin a de la force si sa richesse alcoolique est élevée, généreuse. Il peut avoir du « montant », il peut être « faible ».

Fort: capiteux, chaud.

Foxe: goût d'un vin qui a le goût de renard (on dit aussi qui renarde).

Fraîcheur: c'est un vin dans lequel l'alcool et l'acide présentent une harmonie, un équilibre harmonieux. La pointe acide n'est pas désagréable mais donne plutôt un accent de fraîcheur.

Franc: un vin franc de goût est un vin qui est loyal vis-à-vis de lui-même, c'est-à-dire qui n'est pas altéré; il présente ses propres qualités.

Franche: se dit pour la couleur limpide et brillante.

Frappé: vin qui a été porté à une basse température progressive (jusqu'à 6° environ) non dans un réfrigérateur mais dans un seau à glace.

Friand: vin léger, agréable et séduisant.

Froid: contraire de chaud, vin faible, sans feu: donne une sensation froide.

Fruité: transmission des arômes, des bouquets et du goût de raisin: vin agréable, aromatique, délicat et moelleux.

Fût: goût de fût donné par un fût mal lavé ou neuf. On dit aussi vin fûté.

G

Généreux : vin corsé, montant, réchauffe et réconforte.

Glycérol : c'est un trialcool présent dans le vin qui lui communique un goût sucré mais apporte la sensation de souplesse, d'élégance, d'onctuosité.

Gouleyant : vin léger, très agréable, friand. Qui remplit bien la bouche.

Goûts : mauvais goûts, altérations.

Grain : c'est un vin rond, généreux, qui a du nerf = il est plein d'attraits = il a du grain.

Grand : un grand vin est un vin qui présente de superbes sensations et un immense plaisir.

Gras : vin onctueux, charnu, vineux, rond, plein, souple et corsé. Les vins gras se distinguent par leur richesse alcoolique, leur teneur importante (mais non anormale) en glycérol et en acide succinique ; une teneur faible en acidité et en tanin.

Grossier : vin épais, sans finesse, dur et lourd.

H

Harmonie : symphonie des formes et proportion des constituants.

Hédonisme : sensation du plaisir suprême avec des produits agréables et de qualité (voir dans les chapitres précédents).

L

Léger: extrait sec et couleur faibles (mais pas anormaux). Sa teneur alcoolique est basse, mais le vin est harmonieux et fin.

Lie: le goût de lie est un goût amer, pâteux, peu franc, parfois épais.

Limpidité: c'est l'état de santé d'un vin. La clarté, la transparence, plutôt la translucidité, sont des caractères primordiaux.

Liquoreux: vin possédant une certaine douceur donnée par le sucre fermentescible. Il a en plus un peu d'onctuosité comme une liqueur. Trop prononcé, ce goût devient sirupeux.

Long: la sensation d'un vin peut être persistante et prolongée. C'est la preuve d'une grande qualité. Il laisse une bonne impression.

Louche: vin qui manque de limpidité. Vin anormal.

Lourd: vin épais, trop coloré. Riche en tanin et parfois en alcool. Fort extrait sec.

M

Madérisé : le vin prend un goût de madère, c'est-à-dire un peu amer et il prend une couleur jaune-roux (vin vieux).

Mâche : on dit qu'un vin a de la mâche s'il a de la consistance, on doit imaginer mâcher un fruit ce qui provient d'une sensation gustative (sensation tactile).

Maigre : vin sans vinosité, sans acidité.

Marc : vin qui présente un goût de marc.

Métallique : goût désagréable du vin en contact avec un métal.

Mince : c'est un vin très faible.

Moelleux : c'est un vin riche en sucres, en glycérol et en matières pectiques. Il n'a pas le mielleux des vins liquoreux ; légèrement visqueux, onctueux ils sont agréables en remplissant la bouche.

Moisi : le goût de moisi se caractérise par des flaveurs de moisi, de iodé ou de phéniqué.

Montant : vins ayant du corps, bien pourvus en alcool, aux produits volatils et aux parfums qui montent à la tête.

Mordant : vin qui mord, qui accroche par son acidité. Il accroche aux dents.

Mou : vin maigre, sans nerf, manque de corps, de vigueur, de tanin.

Moustillant : vin incomplètement fermenté. Rappelle le jus de raisin.

Mousse : l'effervescence par l'apparition de petites bulles indique un vin en train de fermenter (fermentation alcoolique ou malolactique). C'est un vin qui travaille. Il est pétillant. S'il a terminé de fermenter il est dit « calme ». Chez les mousseux, les pétillants, les crémants et le champagne cette montée des bulles est au contraire caractéristique. Ce n'est pas une fermentation mais un dégagement de gaz carbonique normal. La mousse doit être stable et fine. Ces mousses seront variées suivant les vins et leur provenance ; elles seront à petites ou grosses bulles (ou perles), elles seront folles, persistantes, naturelles, compactes, fugaces. Un vin mousseux produisant des perles à deux atmosphères est un pétillant, à trois atmosphères est un crémant, à quatre atmosphères, un demi-mousseux, au-dessus un mousseux complet.

Muet : vin sans sève, sans nerf.

Mûrir : période mûre qui permet la plénitude de ses caractères.

Muscaté: aux parfums de muscat.

Musqué: réservé aux vins provenant des cépages muscats.

Muté: pour rendre un vin muté on l'additionne d'anhydride sulfureux ou d'alcool en cours de fermentation pour conserver un certain degré de douceur. (Vins doux naturels, Pineau des Charentes).

N

Naturel: vin obtenu sans addition de produits étrangers.

Nectar: c'est un vin soyeux, plein de raffinement et de velouté.

Nerf: vin possèdant de la force, de la personnalité, du caractère.

Nerveux: c'est un vin vivace et puissant avec un caractère prononcé.

Net: vin franc de goût.

Nez: avoir du nez pour un vin c'est avoir un arôme ou un bouquet caractéristique.

Noble: vin possédant le titre d'Appellation d'origine contrôlée. Leurs cépages sont aussi « nobles ».

Nouveau: vin qui n'a pas un an.

O

Onctueux: c'est un vin agréable, coulant, moelleux, ou liquoreux.

Opalescent: vin prenant la couleur de l'opale, vin blanc-bleu.

P

Paillet: vin rouge qui après un vieillissement est faiblement coloré.

Parfum: odeur ou arôme d'un vin, de perception agréable.

Parfumé: vin qui laisse dégager des arômes agréables et évocateurs.

Passé: vin qui a perdu ses bouquets et saveurs en cours de vieillissement.

Pelure d'oignon: après un vieillissement, un vin rouge rubis clair prend une teinte couleur pelure d'oignon.

Perlant: légèrement effervescent. De petites bulles perlent dans le vin.

Pétillant: vin qui dégage des perles, fines bulles, sans formation de mousse excessive. Dans un vin effervescent la loi autorise un maximum de pression dans la bouteille de 3 kg/cm3.

Phéniqué: saveur iodée, désagréable surtout à la suite de vendanges atteintes de pourriture grise en abondance (goût de phénol).

Pierre à fusil: vin provenant de terroirs siliceux ou silico-argileux prenant un goût de pierre à fusil comme le pineau de la Loire dans ces terroirs (le Sauvignon aussi).

Piquant ou piqué: vin aigre à goût de vinaigre, ayant une forte odeur d'acide acétique et d'acétate d'éthyle. Il existe trois piqûres: piqûre acétique: piqûre lactique (saveur âpre, aigre, et sucrée): piqûre acroléïque (saveur amère).

Plat: sans caractère, sans acidité; les vins sont déséquilibrés.

Plein: c'est un vin complet, équilibré qui présente de la rondeur et de la fermeté.

Pointu: un vin qui tend à être assez vif (acidité) avec une pointe d'acide acétique.

Puissant: vin généreux, plein de vivacité et de fraîcheur.

R

Racé: vin élégant, distingué, caractéristique d'un cru. Leur forte personnalité est la preuve de vieilles traditions.

Raide: vin qui n'est pas simple, trop corsé. Il est déséquilibré.

Rancio: odeur et goût d'un vin après vieillissement surtout pour les vins doux naturels et les vins de liqueur; c'est dû à une oxydation et au contact du bois des fûts de chêne. (Les meilleurs rancios sont obtenus dans des fûts de chêne qui ont contenu très longtemps de l'Armagnac).

Rance: goût prononcé d'aigre et de produit fermenté et oxydé.

Râpé: un vin qui râpe est un vin riche en constituants phénoliques.

Râpeux: très astringent.

Rêche: vin astringent et dur.

Riche: vin très équilibré mais riche en alcool.

Robe: c'est la couleur du vin.

Robuste: c'est un vin solide et équilibré qui tient le coup.

Rond: vin équilibré, plein de finesse, souple, sans aspérité.

Rôti: un vin de rôti désigne un vin qui se marie fort bien avec les rôtis. Les vins choisis doivent remplir la bouche.

Rude: vin âpre, qui râpe, dur; il accroche.

S

Savoureux: vin qui se laisse déguster à sa finesse.

Sensation: stimulation des organes des sens qui peut influencer le comportement.

Sec: vin qui ne contient plus de sucres fermentescibles et de matières réductrices.

Sève: la sève ne peut se découvrir qu'après avoir dégluti ou avalé un vin. C'est un arrière-goût. Les vins longs, qui finissent merveilleusement possèdent cette sève. Elle est la vinosité et l'arôme décelés par l'arrière-bouche. Les vins élégants, distingués et racés ont de la sève.

Sirupeux: vin très sucré, trop doux, déséquilibré.

Souple: vin coulant, moelleux, agréable.

Soyeux: vin agréable, moelleux, élégant, distingué, sans aspérité.

Spiritueux: vin généreux, montant, très chaud; la richesse alcoolique est très élevée.

Suave: vin délicat, harmonieux, qui se répand, se déploie dans la bouche (on dit qu'il fait la queue de paon).

Subtil: les arômes et les bouquets délicats et discriminatoires sont dits subtils.

Succulent: vin qui prend l'homme tout entier par ses qualités séduisantes et par ses caractères délicats.

Sulfhydrique: vin qui sent le pourri, on dit aussi le mercaptan. C'est un vin qui manque d'aération.

Sulfite: goût de soufre. On décèle la présence d'anhydride sulfureux (Vin pas suffisamment aéré).

T

Tendre: vin léger, moelleux sans trop, rond, coulant.

Terne: vin sans qualité, maigre. C'est aussi un vin sans translucidité, qui a perdu son brillant.

Terre ou terreux: goût de terre.

Terroir: est un facteur primordial dans le cru. Il influence la composition des vins par son sol et son sous-sol. Quelquefois cette influence est bonne, mais dans de nombreux autres cas, « un vin qui terroite » est un vin à goûts désagréables.

Tourné: maladie qui donne un goût acétique, puis l'amertume.

Tranquille: vin non effervescent.

Trouble: vin louche, ayant en suspension des particules qui donnent l'impression d'altération. Vin anormal.

Tuilé: un vin qui après vieillissement prend une couleur rouge brique. Il est parfumé, plein et velouté.

Turbidité: vin trouble, sans translucidité.

U

Usé: vin qui a perdu ses qualités.

V

Velouté: vin soyeux à la robe somptueuse, il a du gras, de la rondeur, du moelleux.

Vert de fruit: vin ayant une forte acidité mais fruité.

Vert: vin provenant de raisins insuffisamment mûrs. Soit c'est fait sciemment et il peut être agréable, soit les raisins ont été vendangés trop tôt et le vin est trop acide surtout si cela ne convient pas au vin fini.

Verdeur: une verdeur légère est agréable surtout pour un vin jeune.

Vieilli: vin qui s'éteint et perd ses propriétés.

Vieux: au-dessus d'un an, un vin est dit « vieux ». Mais qualifie souvent un vin assez âgé (4-5..,7-10 ans).

Vif: couleur vive, brillante, lipide.

Vigoureux: vin qui a de la vinosité, du feu, de la puissance.

Viné: vin auquel on a ajouté de l'alcool.

Vineux: force alcoolique liée aux caractères francs et stimulants.

Vinosité: vin qui a du corps et une âme avec une richesse alcoolique jumelée à la présence d'acide succinique. Le vin est plein, montant.

Viril: vin très charpenté, puissant, équilibré, contraire d'un vin féminin.

Viscosité: un vin qui a de l'onctuosité, du coulant, de la mâche, du moelleux, du gras; la glycérine, les dextranes jouent un grand rôle.

Vivacité: couleur brillante, vive, très caractéristique.

Voilé: vin qui manque de limpidité, d'éclat.

V – LE PAYSAGE DE LA TABLE, LE VERRE … SUITE LOGIQUE D'UNE BONNE CAVE

Le paysage de la table c'est tout ce qui n'échappe pas à l'œil et qui appartient directement ou indirectement aux plaisirs de la table: nappes, verres, assiettes, couverts, décoration de table, atmosphère, plantes, fleurs … éclairage puis, enfin, le contenu de l'assiette.

Le verre est un ami qui ne se sépare jamais de vous. Sauf si vous le cassez. La matière du verre doit être belle, brillante, la plus mince possible et avoir une forme correcte, pas farfelue avec laquelle on ne peut ni voir ni sentir le vin.

De nombreuses formes existent, respectant le principe d'une forme ventrue et refermée légèrement dans le haut. Ceci pour bien saisir les odeurs.

Le verre a une importance capitale. La nappe aussi. Sa couleur surtout. L'idéal est le blanc ou des couleurs tendres, pastel, qui n'abîment pas la robe des vins. En revanche, des nappes de couleurs foncées sont à proscrire. Elles éteignent la robe des vins.

L'éclairage est également très important car il influera sur la robe. Il peut l'égayer, la faire danser ou l'éteindre, la tuer totalement. Les bougies apportent ces brillances si belles et ces scintillements dont seule sait se parer la fête.

La décoration crée une ambiance et influence le moral. Elle entre pour une part dans ce système global qui porte nom d'harmonie de la table.

Enfin, l'assiette reçoit les mets qui seront jugés pour leur présentation et puis leur goût, avant que le vin se manifeste et dise, à son tour, ce qu'il pense de tout cela. Approuvera-t-il cette harmonie? La trouvera-t-il à son goût?

L'esprit de la cave se poursuit à table et n'est que l'aboutissement naturel de cette passion pour le vin, tant éprouvée et si bien rendue par le vin lui-même très reconnaissant. Alors commence une longue histoire d'amour qui passe obligatoirement par l'harmonie des vins et des mets.

MAIS UNE CAVE AURA AUSSI EN SON SEIN, SPIRITUEUX ET LIQUEURS

Une cave à vins implique nécessairement des eaux-de-vie et des liqueurs, ce qu'on nomme d'un terme général « spiritueux ».

Ces spiritueux se conservent debout, c'est-à-dire la bouteille verticale.

Constituer un ou plusieurs casiers répertoriant cognac, armagnac, calvados, eaux-de-vie blanches, whisky, gin, vodka et autres eaux-de-vie (tequila, aquavit, fine…) ainsi que les liqueurs.

Ces spiritueux serviront à la création de cocktails, de digestifs, pour l'usage de sauces (salées ou sucrées), pour les pâtisseries, pour des flambages…

La conservation des spiritueux ne pose aucun problème. Dans leur bouteille, ils conservent leurs propriétés organoleptiques presque à vie.

LIVRE DE CAVE

Nom de la cave

____

Appartenant à

____

Adresse

____

____

CASIER	RÉGION D'ORIGINE IDENTIFICATION DES VINS	COULEUR	*Vignobles et Signatures*	NOTES
☐	MILLESIME 19– – NATURE – APPELLATION .... – MARQUE .... – DOMAINE .... – FOURNISSEUR .... ACHETÉ LE .... Nombre de bouteilles .... En fûts .... Mis en bouteille................ A boire à partir de .... et au plus tard............... Cote d'alerte : RESTE... Commandé le.. Nouvelle commande reçue le Dégusté le...............avec.......................... Servi le................. Sur (plat) .... En famille .... Invités... Commentaires...		 **Domaine des Comtes de Lupfen -** **Paul Blanck et ses Fils. 32, Grand'rue - Kientzheim** **68240 Kaysersberg - Tél. 89.78.23.56** Doré brillant, clair. Nez terpénique typique du Riesling. Floral, fleurs jaunes épicées (narcisse). Une expression animale en finale (fourrure, venaison, rôti). Attaque moelleuse. Saveurs à dominante salées. Harmonieux. Flaveurs complexes. Finale épicée (vanille poivrée). Racé. Sève élégante.	

CASIER	RÉGION D'ORIGINE IDENTIFICATION DES VINS	COULEUR	DÉSIGNATION	NOTES
☐	MILLESIME 19– – NATURE – APPELLATION .... – MARQUE .... – DOMAINE .... – FOURNISSEUR .... ACHETÉ LE .... Nombre de bouteilles .... En fûts .... Mis en bouteille................ A boire à partir de .... et au plus tard............... Cote d'alerte : RESTE... Commandé le.. Nouvelle commande reçue le Dégusté le...............avec.......................... Servi le................. Sur (plat) .... En famille .... Invités... Commentaires...			

CASIER	RÉGION D'ORIGINE IDENTIFICATION DES VINS	COULEUR	DÉSIGNATION	NOTES
☐	MILLESIME 19– – NATURE – APPELLATION .... – MARQUE .... – DOMAINE .... – FOURNISSEUR .... ACHETÉ LE .... Nombre de bouteilles .... En fûts .... Mis en bouteille................ A boire à partir de .... et au plus tard............... Cote d'alerte : RESTE... Commandé le.. Nouvelle commande reçue le Dégusté le...............avec.......................... Servi le................. Sur (plat) .... En famille .... Invités... Commentaires...		 **Collin et Bourisset** **71680 - Crêches-sur-Saône - Tél. 85.37.11.15** Robe or pâle avec reflets verts. Nez floral : acacia, rose, pâte d'amande, légèrement citronné. Frais et raffiné. Très souple en bouche. Bon équilibre acidité-gras. Bonne persistance aromatique à dominante florale. Ensemble harmonieux et élégant.	

CASIER	RÉGION D'ORIGINE — IDENTIFICATION DES VINS	COULEUR	Vignobles et Signatures	NOTES
☐	MILLESIME 19– – NATURE – APPELLATION . . . . – MARQUE . . . . – DOMAINE . . . . – FOURNISSEUR . . . . ACHETÉ LE . . . . Nombre de bouteilles . . . . En fûts . . . . Mis en bouteille. . . . . A boire à partir de . . . . et au plus tard. . . . . Cote d'alerte : RESTE. . . . . Commandé le. . . . . Nouvelle commande reçue le Dégusté le. . . . . .avec. . . . . Servi le. . . . . Sur (plat) . . . . En famille . . . . Invités. . . . . Commentaires.		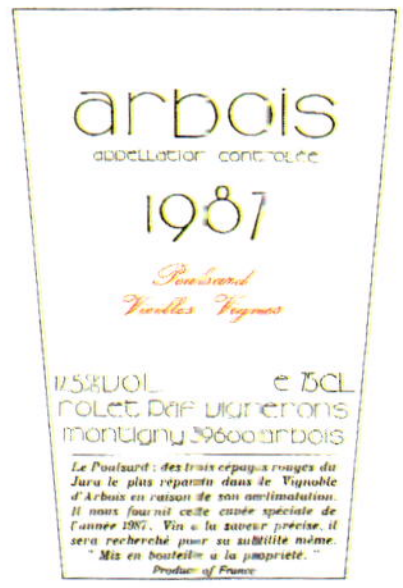 **Domaine Rolet Père et Fils** **Montigny-les-Arzures** **39600 - Arbois - Tél. 74 66 00 05** Aspect rouge légèrement carminé. Reflets de cuivre rouge. Fruité (fruits peu mûrs, cerise, fraise, grenadine). Arômes subtils et délicats. Attaque agréable, franche, assez vive. Saveurs équilibrées à dominante nerveuse. Flaveurs de fruits (coing, fraise). Très épicé avec finale vanillée..	

CASIER	RÉGION D'ORIGINE — IDENTIFICATION DES VINS	COULEUR	DÉSIGNATION	NOTES
☐	MILLESIME 19– – NATURE – APPELLATION . . . . – MARQUE . . . . – DOMAINE . . . . – FOURNISSEUR . . . . ACHETÉ LE . . . . Nombre de bouteilles . . . . En fûts . . . . Mis en bouteille. . . . . A boire à partir de . . . . et au plus tard. . . . . Cote d'alerte : RESTE. . . . . Commandé le. . . . . Nouvelle commande reçue le Dégusté le. . . . . .avec. . . . . Servi le. . . . . Sur (plat) . . . . En famille . . . . Invités. . . . . Commentaires.			

CASIER	RÉGION D'ORIGINE — IDENTIFICATION DES VINS	COULEUR	DÉSIGNATION	NOTES
☐	MILLESIME 19– – NATURE – APPELLATION . . . . – MARQUE . . . . – DOMAINE . . . . – FOURNISSEUR . . . . ACHETÉ LE . . . . Nombre de bouteilles . . . . En fûts . . . . Mis en bouteille. . . . . A boire à partir de . . . . et au plus tard. . . . . Cote d'alerte : RESTE. . . . . Commandé le. . . . . Nouvelle commande reçue le Dégusté le. . . . . .avec. . . . . Servi le. . . . . Sur (plat) . . . . En famille . . . . Invités. . . . . Commentaires.			

CASIER	RÉGION D'ORIGINE IDENTIFICATION DES VINS	COULEUR	Vignobles et Signatures	NOTES
☐	MILLESIME 19– – NATURE – APPELLATION . . . . – MARQUE . . . . – DOMAINE . . . . – FOURNISSEUR . . . . ACHETÉ LE . . . . Nombre de bouteilles . . . . En fûts . . . . Mis en bouteille. . . . . A boire à partir de . . . . et au plus tard. . . . . Cote d'alerte : RESTE. Commandé le. Nouvelle commande reçue le Dégusté le. . . . . .avec. . . . . Servi le. . . . . Sur (plat) . . . . En famille . . . . Invités. Commentaires.		 **Les Vins Louis Tête** **Les Dépôts** **69430 Saint-Didier-sur-Beaujeu - Tél. 74.04.82.27** Rouge framboisé. Nez de petits fruits rouges mûrs. Légèrement épicé, très fruité. Finale exotique (pamplemousse). Attaque légèrement mordante puis fruitée. Saveurs équilibrées avec une pointe tannique. Equilibre d'ensemble. Flaveurs confirment le nez. Finale persistante très fruitée et épicée.	

CASIER	RÉGION D'ORIGINE IDENTIFICATION DES VINS	COULEUR	DÉSIGNATION	NOTES
☐	MILLESIME 19– – NATURE – APPELLATION . . . . – MARQUE . . . . – DOMAINE . . . . – FOURNISSEUR . . . . ACHETÉ LE . . . . Nombre de bouteilles . . . . En fûts . . . . Mis en bouteille. . . . . A boire à partir de . . . . et au plus tard. . . . . Cote d'alerte : RESTE. Commandé le. Nouvelle commande reçue le Dégusté le. . . . . .avec. . . . . Servi le. . . . . Sur (plat) . . . . En famille . . . . Invités. Commentaires.			

CASIER	RÉGION D'ORIGINE IDENTIFICATION DES VINS	COULEUR	DÉSIGNATION	NOTES
☐	MILLESIME 19– – NATURE – APPELLATION . . . . – MARQUE . . . . – DOMAINE . . . . – FOURNISSEUR . . . . ACHETÉ LE . . . . Nombre de bouteilles . . . . En fûts . . . . Mis en bouteille. . . . . A boire à partir de . . . . et au plus tard. . . . . Cote d'alerte : RESTE. Commandé le. Nouvelle commande reçue le Dégusté le. . . . . .avec. . . . . Servi le. . . . . Sur (plat) . . . . En famille . . . . Invités. Commentaires.		 **Domaine Philippe Bouchard** **21, rue de Chaumergy - BP 197** **21205 Beaune - Tél. 80.24.60.66** Rouge carminé. Reflets légèrement mordorés. Complexe, riche. Bouquet tertiaire : bois exotique vernis, griotte confite, viscères avancées. Finale réglissée. Bouquet racé. Belle attaque. Saveurs équilibrées. Flaveurs confirment le nez. Sève de belle facture. Finale en feu d'artifice.	

CASIER	RÉGION D'ORIGINE IDENTIFICATION DES VINS	COULEUR	Vignobles et Signatures	NOTES
☐	MILLESIME 19– – NATURE – APPELLATION .... – MARQUE .... – DOMAINE .... – FOURNISSEUR .... ACHETÉ LE .... Nombre de bouteilles .... En fûts .... Mis en bouteille................ A boire à partir de .... et au plus tard.............. Cote d'alerte : RESTE.................... Commandé le.................... Nouvelle commande reçue le Dégusté le...............avec.................... Servi le................. Sur (plat) .... En famille .... Invités.................... Commentaires....................		 **Domaine Laroche** **22, rue Louis-Bro - BP 33** **89800 Châblis - Tél. 86.42.14.30** Jaune doré, clair, limpide, liant. Nez de noisette, de beurre frais, châtaigne cuite Bouquet élégant et racé. Attaque franche. Saveurs équilibrées et harmonieuses. Flaveurs complexes, riches de fruits secs. Finale légèrement épicée (cannelle).	

CASIER	RÉGION D'ORIGINE IDENTIFICATION DES VINS	COULEUR	DÉSIGNATION	NOTES
☐	MILLESIME 19– – NATURE – APPELLATION .... – MARQUE .... – DOMAINE .... – FOURNISSEUR .... ACHETÉ LE .... Nombre de bouteilles .... En fûts .... Mis en bouteille................ A boire à partir de .... et au plus tard.............. Cote d'alerte : RESTE.................... Commandé le.................... Nouvelle commande reçue le Dégusté le...............avec.................... Servi le................. Sur (plat) .... En famille .... Invités.................... Commentaires....................			

CASIER	RÉGION D'ORIGINE IDENTIFICATION DES VINS	COULEUR	DÉSIGNATION	NOTES
☐	MILLESIME 19– – NATURE – APPELLATION .... – MARQUE .... – DOMAINE .... – FOURNISSEUR .... ACHETÉ LE .... Nombre de bouteilles .... En fûts .... Mis en bouteille................ A boire à partir de .... et au plus tard.............. Cote d'alerte : RESTE.................... Commandé le.................... Nouvelle commande reçue le Dégusté le...............avec.................... Servi le................. Sur (plat) .... En famille .... Invités.................... Commentaires....................			

CASIER	RÉGION D'ORIGINE	IDENTIFICATION DES VINS	COULEUR	DÉSIGNATION	NOTES

☐

MILLESIME 19– –
NATURE
– APPELLATION . . . .
– MARQUE . . . .
– DOMAINE . . . .
– FOURNISSEUR . . . .
ACHETÉ LE . . . . Nombre de bouteilles . . . .
En fûts . . . .
Mis en bouteille. . . . .
A boire à partir de . . . . et au plus tard. . . . .
Cote d'alerte : RESTE. . . . .
Commandé le. . . . .
Nouvelle commande reçue le
Dégusté le. . . . . .avec. . . . .
Servi le. . . . . Sur (plat) . . . .
En famille . . . .
Invités. . . . .
Commentaires. . . . .
. . . .

CASIER	RÉGION D'ORIGINE	IDENTIFICATION DES VINS	COULEUR	DÉSIGNATION	NOTES

☐

MILLESIME 19– –
NATURE
– APPELLATION . . . .
– MARQUE . . . .
– DOMAINE . . . .
– FOURNISSEUR . . . .
ACHETÉ LE . . . . Nombre de bouteilles . . . .
En fûts . . . .
Mis en bouteille. . . . .
A boire à partir de . . . . et au plus tard. . . . .
Cote d'alerte : RESTE. . . . .
Commandé le. . . . .
Nouvelle commande reçue le
Dégusté le. . . . . .avec. . . . .
Servi le. . . . . Sur (plat) . . . .
En famille . . . .
Invités. . . . .
Commentaires. . . . .
. . . .

Château Bastor Lamontagne
33210 Preignac - Tél. 56.63.27.66

Robe brillante à reflets jaune paille. Joli nez représentant des arômes délicats de genêt et d'acacia. En bouche, très bel équilibre entre la vivacité et la richesse de la structure dominée par un caractère gras et onctueux. Le rôti dû au "botrytis cynéréa" donne à ce vin une belle longueur..

CASIER	RÉGION D'ORIGINE	IDENTIFICATION DES VINS	COULEUR	DÉSIGNATION	NOTES

☐

MILLESIME 19– –
NATURE
– APPELLATION . . . .
– MARQUE . . . .
– DOMAINE . . . .
– FOURNISSEUR . . . .
ACHETÉ LE . . . . Nombre de bouteilles . . . .
En fûts . . . .
Mis en bouteille. . . . .
A boire à partir de . . . . et au plus tard. . . . .
Cote d'alerte : RESTE. . . . .
Commandé le. . . . .
Nouvelle commande reçue le
Dégusté le. . . . . .avec. . . . .
Servi le. . . . . Sur (plat) . . . .
En famille . . . .
Invités. . . . .
Commentaires. . . . .
. . . .

CASIER	RÉGION D'ORIGINE IDENTIFICATION DES VINS	COULEUR	*Vignobles et Signatures*	NOTES
☐	MILLESIME 19– – NATURE – APPELLATION .... – MARQUE .... – DOMAINE .... – FOURNISSEUR .... ACHETÉ LE .... Nombre de bouteilles .... En fûts .... Mis en bouteille. .... A boire à partir de .... et au plus tard. .... Cote d'alerte : RESTE. .... Commandé le. .... Nouvelle commande reçue le Dégusté le. .... avec. .... Servi le. .... Sur (plat) .... En famille .... Invités. .... Commentaires.		 **Vignobles J. Janoueix** **37, rue Pline-Parmentier - BP 192** **33503 Libourne Cédex - Tél. 57.51.41.86** Pourpre foncé. Nez très fruité (mûre, pruneaux), sous-bois (cèpe). Arômes subtils et intenses. Elégant. Saveurs équilibrées. Tanin fondu. Aromatique, de bonne expression. Harmonieux. Flaveurs de fruits confits avec une pointe de cacao et réglisse. Finale poivrée et intense.	

CASIER	RÉGION D'ORIGINE IDENTIFICATION DES VINS	COULEUR	DÉSIGNATION	NOTES
☐	MILLESIME 19– – NATURE – APPELLATION .... – MARQUE .... – DOMAINE .... – FOURNISSEUR .... ACHETÉ LE .... Nombre de bouteilles .... En fûts .... Mis en bouteille. .... A boire à partir de .... et au plus tard. .... Cote d'alerte : RESTE. .... Commandé le. .... Nouvelle commande reçue le Dégusté le. .... avec. .... Servi le. .... Sur (plat) .... En famille .... Invités. .... Commentaires.			

CASIER	RÉGION D'ORIGINE IDENTIFICATION DES VINS	COULEUR	DÉSIGNATION	NOTES
☐	MILLESIME 19– – NATURE – APPELLATION .... – MARQUE .... – DOMAINE .... – FOURNISSEUR .... ACHETÉ LE .... Nombre de bouteilles .... En fûts .... Mis en bouteille. .... A boire à partir de .... et au plus tard. .... Cote d'alerte : RESTE. .... Commandé le. .... Nouvelle commande reçue le Dégusté le. .... avec. .... Servi le. .... Sur (plat) .... En famille .... Invités. .... Commentaires.			

Vignobles et Signatures

***Vignobles et Signatures* est un *Club* de propriétaires de grands Domaines de vignes et de vergers, situés dans les principales appellations contrôlées.**
Conscients d'être porteurs de civilisation et d'éthique, ils s'engagent à défendre les valeurs fondamentales de l'univers de la vigne et des eaux-de-vie.
***La fidélité :* au terroir, à la tradition et au climat.**
***L'originalité :* dans le respect de la personnalité, de la spécificité et de l'image, afin de mettre leur langage au service de la culture et du goût.**
***La liberté :* dans différentes formes d'expression, sous une grande signature.**

V***ignobles et Signatures*** a été créé en 1983, à partir d'une idée simple : réunir des propriétaires de vignobles, ayant un esprit "Club", non concurrent en appellation contrôlée. Ils forment une véritable force économique et se regroupent, dans le cadre d'actions ponctuelles, définies et ciblées.

La mise en commun de leurs connaissances, de leurs expériences, l'échange d'informations, la création d'un esprit fédératif dans des opérations ponctuelles ont abouti à un outil nouveau, de conception inédite, efficace. Les membres de ***Vignobles et Signatures*** bénéficient d'une dynamique et d'une stimulation qui profitent, à la fois, à leur image générale et à leur clientèle.

Vignobles et Signatures est une association loi 1901. Chaque membre appose sur ses étiquettes, lettres, prospectus, le sigle ***Vignobles et Signatures***, signe d'un label de qualité, garantie d'un respect authentique des plus strictes règles de la tradition alliée à un esprit d'ouverture aux techniques modernes. Tous les membres possèdent l'amour de leur métier de vigneron ou de distillateur et cette passion pour leurs propriétés et leurs produits.

Ainsi ***Vignobles et Signatures*** devient naturellement un centre de conseil "Vins et Spiritueux" pour le consommateur.

Gratien Meyer, Seydoux & Cie
(Saumur, Crémant de Loire)
Gérard et Alain Seydoux

Maison fondée en 1864 à Epernay puis à Saumur où elle développe le Saumur d'origine qui connaîtra une notoriété internationale.

Les deux entreprises, spécialisées dans la méthode champenoise, demeureront familiales ce qui leur assurera le privilège de maintenir les traditions pour préserver leur atout majeur : la qualité de leurs vins. Des bulles qui pétillent de mille joies, aboutissement de longues et patientes étapes depuis le terroir jusqu'à la cave où ces hommes et femmes, attentionnés et méticuleux, préparent ces bulles du plaisir.

Champagne Charbaut
(Champagne)
R. Charbaut - J.-P. Abiven

Une affaire familiale créée en 1948 à Epernay. Le Champagne Charbaut appartient à ces amoureux de la vigne et du vin recherchant sans cesse la perfection. La Maison Charbaut maîtrise la matière première : leurs raisins. Ils sont propriétaires de vignobles ainsi que de toutes leurs cuvées jusqu'à l'assemblage. Les bouteilles bénéficient du calme, de l'obscurité

et du temps pour créer chaque perle de vie qui donne naissance au Champagne.

Une gamme qui prélude à des cuvées de caractère, avec un fond de subtilité et de sensualité.

DOMAINE LAROCHE
(Chablis)
A. Combard et M. Laroche

Au pays du Chablis, il est un domaine splendide qui produit depuis cinq générations un vin blanc que le monde entier nous envie.

Ce domaine est propriétaire de l'Obédiencerie depuis 1850, demeure historique ayant abrité dans une petite crypte les reliques de Saint Martin de Tours au IXe siècle.

Les Chablis Laroche exaltent le nez autant que le palais. Toute la gamme est soignée. Chaque vin dans sa typicité, projette des images de finesse, de vénusté, de tendresse, de gouleyance... de petits Fragonard. Chaque verre est un morceau de musique classique.

DOMAINE LA MOUSSIERE
(Sancerre)
Alphonse Mellot

La famille Mellot est sancerroise depuis le XVIe siècle. César Mellot en 1698, fut nommé par Louis XIV conseiller viticole, qui lui reconnut ses compétences.

Les générations ont perpétué l'amour de la vigne et du vin. Plus qu'un symbole, l'héritage d'une expérience, d'un savoir-faire, d'un comportement transmet la qualité, la griffe Mellot.

Les vins de la Moussière sont augustes. Un don de la terre, du ciel et du génie du propriétaire. Ces vins de Sancerre éclatent sous le palais et sur la langue en de multiples vibrations de tendresse, d'éloquence, de subtilité.

GUILBAUD FRERES
(Muscadet - Gros Plant)
Pascal et Marcel Guilbaud

Dans le village de Mouzillon, cette affaire familiale est née de la volonté de deux frères vignerons.

Une grande famille amoureuse de la noblesse de son terroir et de ces larmes d'or qui scintillent dans nos verres. Les Guilbaud veillent jalousement sur leurs trésors pour le bonheur de leurs clients et amis amateurs de ces nectars dorés.

CAZES FRERES
(Muscat de Rivesaltes)
André et Bernard Cazes

Cette entreprise familiale remonte au début du siècle. Le Domaine est situé à Rivesaltes (au sud de la France, près de Perpignan).

A la fin du XVIIIe, déjà Grimod de la Reynière, grand amateur de ces vins de Muscat, disait qu'ils étaient les meilleurs d'Europe.

Aujourd'hui, on peut avouer qu'ils sont toujours les meilleurs. Des Côtes du Roussillon aux vins doux naturels, les vins du Roussillon sont devenus des stars ; ils méritent une place de choix sur nos tables gourmandes.

Ces vins du soleil, véritables cathédrales de subtilités affectent le coeur et l'esprit d'infinies émotions.

J. JANOUEIX

(St-Emilion - Pomerol)

Jean-François Janoueix

Venue de Corrèze, cette famille s'établit en 1898 à Libourne. Elle s'installe au Château Haut-Sarpe en 1930. Le domaine par la suite s'agrandit de plusieurs autres Châteaux et Domaines (Vieux-Sarpe, La Croix, La Croix St-Georges, La Croix-Toulifaut, Haut-Badette, Le Castelot...).

La philosophie de cette famille est tissée de droiture, de ténacité, de travail, d'honnêteté, de générosité... Cet esprit de famille se retrouve dans les vins de ces propriétés. Chacun différent dans leur typicité, ces vins invitent à la réflexion et au recueillement tant ils sont riches de nuances et d'expressions.

CHATEAU DE LA GARDINE

(Châteauneuf-du-Pape)

Patrick et Maxime Brunel

Cloué sur son socle caillouteux, le Château de la Gardine réfléchit depuis des siècles à l'origine de son nom. Aucune écriture ne lui légua les vérités sur son passé. Ce château n'aurait-il pas été, tout simplement, un simple poste de garde pour surveiller toute la vallée ?

Le patrimoine est exceptionnel, les traditions se perpétuent depuis 1670 et la qualité des vins demeure la préoccupation permanente et assidue des propriétaires. Sous le palais et sur la langue dansent l'éloquence et la subtilité de ces Châteauneuf-du-Pape de la Gardine sur la gamme riche et enchantée des précieux millésimes.

COULY-DUTHEIL

(Chinon)

P. et J. Couly-Dutheil

Trois générations se sont attachées à sélectionner les meilleurs crus pour donner naissance à des Chinon respectueux de leur histoire et de leur origine. Ces Chinon ont été loués et chantés par François Rabelais, fils du pays, et appréciés de nos têtes couronnées pendant plusieurs siècles. C'est dire l'importance que les frères Couly attachent aux messages que transmettent leurs vins.

Cet amour de la perfection et cette recherche constante de la véritable expression du terroir, associé à la vérité du cépage ont conduit cette famille vigneronne à maintenir l'authenticité de leurs vins réputés, très personnalisés et fidèles aux traditions du goût.

Œuvres de chair et de sang, œuvres d'hommes de caractère et d'intelligence, les Chinon Couly-Dutheil sont l'expression d'une richesse et d'une sagesse propre aux grandes œuvres.

CHATEAU DE LA TUILERIE

(Costières du Gard)

Chantal Comte

Nul ne conteste la place de Nîmes dans notre histoire de France ni l'exploitation de la “Costière” par les citoyens romains de la colonie nîmoise au début de notre ère.

Le château de la Tuilerie a été construit près d'un domaine, fief des Chevaliers de Malte venant y chercher quelque repos, au retour des Croisades.

Depuis 10 ans, le Château de la Tuilerie a acquis ses lettres de noblesse et une excellente réputation grâce au talent délicieux d'une belle vigneronne.

Ici, la vigne et les vins sont le fruit d'une rigoureuse recherche de perfection. Les vins de cette propriété flattent autant le nez, le palais que l'esprit : nectars de plaisir, véritables aquarelles d'impressionnistes.

CHATEAU DE LAUBADE

(Bas Armagnac)

Jean-Jacques Lesgourgues

En Armagnac, tout est bon comme disait d'Artagnan : oies, canards, confits, foies gras, eaux-de-vie...

Le Château de Laubade fut acquis en 1974 par Jean-Jacques Lesgourgues. Il représente une valeur sûre par sa production de grands Bas-Armagnac, uniquement haut de gamme, résultat de l'efficacité et de la compétence d'hommes de talent.

La qualité des Armagnacs ne se décrète pas mais est le fruit d'efforts répétés dans la production du raisin, dans la distillation et dans les assemblages. Les “Hors-d'Age” superbes, les V.S.O.P. ou les millésimes d'un charme ensorcelant couronnent l'entreprise de leurs succès.

Ces Armagnacs sont des larmes blondes ou ambrées de la race des seigneurs.

BARON DE BRAUX

(Eaux-de-vie de Lorraine)

M.-C. et M. Denizot

Dans le site agréable de Boucq près des vignes de Toul, Michel Denizot exploite ses mirabelliers entre autres productions (car sa gamme d'eaux-de-vie est vaste). Il distille soigneusement les moûts fermentés ou macérations de fruits.

L'œuvre confine à l'art de l'alchimie et cette transmutation aboutit à un esprit d'une infinie délicatesse. Michel Denizot ajoute son doigté particulier pendant la distillation, don d'une longue expérience. Selon qu'il distille mirabelle, poire, cerise ou autre fruit, il apporte un tour de main qu'il est seul à détenir.

Sa gamme est une symphonie harmonieuse, douce ivresse de parfums satinés, de bouquets riches et complexes.

ROLET PERE & FILS
(Arbois-Jura)
Famille Rolet

Le vignoble du Jura est ancien puisque de nombreux témoignages le situent dans la Haute Antiquité comme un terroir de qualité. Les rois de la Renaissance le découvrirent et l'apprécièrent. Après une longue éclipse due à la crise phylloxérique puis aux années de guerre, ce vignoble renaît.

Le Domaine Rolet a suivi ce même parcours. En 1940, cette exploitation redevient viticole. Aujourd'hui, elle est la deuxième dans cette contrée spécifique où la vigne se plaît bien. Les vins du Domaine Rolet obtiennent, chaque année, de nombreuses distinctions, ce qui atteste du suivi de leur qualité.

On découvre des expressions originales, grandioses et rares en dégustant ces vins du Jura et d'Arbois, gamme magnifique, riche de subtilités et nuances.

DOMAINE DES COMTES DE LUPFEN
(Alsace)
Paul Blanck

Ce vignoble remonte au XVIIIe siècle. Déjà, les premiers vignerons de cette illustre famille s'attache à sélectionner crus et terroirs, notamment le Schlossberg sur Kaysersberg et Kientzheim, origine de l'appellation Alsace Grand Cru que la loi ne définit qu'à partir de 1975.

Chaque membre de la famille Blanck aime et élève ces vins avec passion. Chaque génération alliait à un vigneron un excellent courtier gourmet, ce qui assura une incontestable suprématie sur la connaissance des Alsace, tous cépages confondus.

L'opportunité de la différence, de découvrir de rares cuvées aide le vigneron et le pousse vers la perfection.

Le Domaine des Comtes de Lupfen présente ses vins, pétris d'expérience, nourris au sein du meilleur terroir et riches de délicatesse, d'onctuosité et de vérité.

VINS LOUIS TETE
(Beaujolais)
Jean et Louis Tête

Cette exploitation a été créée par Jean Tête en 1921, un tonnelier qui s'éprit de l'art de faire du vin. L'affaire est familiale et le demeure toujours. En 1954 Louis Tête assure l'héritage et donne une nouvelle impulsion au vignoble. En 1974, son fils rejoint le giron familial, ainsi, deux générations poursuivent l'œuvre commencée par leur ancêtre.

Dans cette Bourgogne profonde et très attachée aux traditions, on veille au maintien du patrimoine. Chez Louis Tête, cette vérité est sauvegardée par la recherche permanente de vins authentiques et de qualité.

Les caves voûtées, ancestrales, permettent l'élevage des vins en foudre. Loin des préoccupations quotidiennes, le vin sommeille et se fait lentement. Les arômes secondaires se créent petit à petit et façonnent ainsi l'âme du vin, cette âme bourguignonne qui séduit et passionne amateurs éclairés et débutants. La perfection, chez Louis Tête, est de règle.

CHATEAU VANNIERES
(Bandol)
Colette et Eric Boisseaux

Ce terroir est un trésor. Déjà, au Xe siècle, Barbares et Sarrasins, envahisseurs célèbres que nos manuels scolaires rendaient fascinants, buvaient ce nectar. Au XIe siècle, on reconnait à ce terroir la noblesse des vins de qualité. C'est au XVIe siècle que la terre des Vannières sera cédée au Sieur de Lombard, Seigneur du Castelet par l'Abbaye de Saint-Vichy, celui-ci sera séduit par ces lieux. Son fils et lui érigeront le Château et planteront de la vigne.

Situé entre mer et collines aux superbes restanques, le Château Vannières poursuit son oeuvre. Grâce à la cave en partie voûtée (XVIe siècle), des foudres de chêne assurent le vieillissement consciencieux des Bandol rouges. Blancs et rosés connaissent la cave pour un séjour plus court, juste nécessaire à l'harmonisation des cuvées.

Ce joyau plein de charme, au cœur de la Provence, offre des vins de talent où l'esprit n'est fait que d'élégance et de subtilité.

CASIER	RÉGION D'ORIGINE IDENTIFICATION DES VINS	COULEUR	Vignobles et Signatures	NOTES
☐	MILLESIME 19– – NATURE – APPELLATION . . . . – MARQUE . . . . – DOMAINE . . . . – FOURNISSEUR . . . . ACHETÉ LE . . . . Nombre de bouteilles . . . . En fûts . . . . Mis en bouteille. . . . . A boire à partir de . . . . et au plus tard. . . . . Cote d'alerte : RESTE. . . . . Commandé le. . . . . Nouvelle commande reçue le Dégusté le. . . . . .avec. . . . . Servi le. . . . . Sur (plat) . . . . En famille . . . . Invités. . . . . Commentaires.		 **Domaine du Château de la Tuilerie** **30900 Nimes - Tél. 66.70.07.52** Rouge grenat, pourpre foncé en brillance. Nez vineux, très fruité (fruits chauds et confiture de fruits). Dominante cerise noire, bouquet délicat et fin. Attaque ferme, délicate. Vin souple et rond. Saveurs très fondues. Flaveurs très fruitées (fruits chauds confits). Finale longue, légèrement réglissée.	

CASIER	RÉGION D'ORIGINE IDENTIFICATION DES VINS	COULEUR	Vignobles et Signatures	NOTES
☐	MILLESIME 19– – NATURE – APPELLATION . . . . – MARQUE . . . . – DOMAINE . . . . – FOURNISSEUR . . . . ACHETÉ LE . . . . Nombre de bouteilles . . . . En fûts . . . . Mis en bouteille. . . . . A boire à partir de . . . . et au plus tard. . . . . Cote d'alerte : RESTE. . . . . Commandé le. . . . . Nouvelle commande reçue le Dégusté le. . . . . .avec. . . . . Servi le. . . . . Sur (plat) . . . . En famille . . . . Invités. . . . . Commentaires.		 **Cazes Frères** **4, rue Francisco-Ferrer** **66600 Rivesaltes - Tél. 68.64.08.26** Doré, clair, reflets de fils d'or. Arômes complexes et très riches : citron, pamplemousse, abricot, pétale de rose, miel, fleur de tilleul, cire d'abeille... Attaque franche, saveurs équilibrées avec dominante légèrement moelleuse, tout en finesse. Flaveurs complexes confirment le nez. Finale très exotique, persistante.	

CASIER	RÉGION D'ORIGINE IDENTIFICATION DES VINS	COULEUR	DÉSIGNATION	NOTES
☐	MILLESIME 19– – NATURE – APPELLATION . . . . – MARQUE . . . . – DOMAINE . . . . – FOURNISSEUR . . . . ACHETÉ LE . . . . Nombre de bouteilles . . . . En fûts . . . . Mis en bouteille. . . . . A boire à partir de . . . . et au plus tard. . . . . Cote d'alerte : RESTE. . . . . Commandé le. . . . . Nouvelle commande reçue le Dégusté le. . . . . .avec. . . . . Servi le. . . . . Sur (plat) . . . . En famille . . . . Invités. . . . . Commentaires.			

CASIER	RÉGION D'ORIGINE IDENTIFICATION DES VINS	COULEUR	DÉSIGNATION	NOTES
☐	MILLESIME 19– – NATURE – APPELLATION .... – MARQUE .... – DOMAINE .... – FOURNISSEUR .... ACHETÉ LE .... Nombre de bouteilles .... En fûts .... Mis en bouteille................ A boire à partir de .... et au plus tard............... Cote d'alerte : RESTE.......................... Commandé le.......................... Nouvelle commande reçue le Dégusté le..............avec.......................... Servi le................. Sur (plat) .... En famille .... Invités.......................... Commentaires..........................			

CASIER	RÉGION D'ORIGINE IDENTIFICATION DES VINS	COULEUR	DÉSIGNATION	NOTES
☐	MILLESIME 19– – NATURE – APPELLATION .... – MARQUE .... – DOMAINE .... – FOURNISSEUR .... ACHETÉ LE .... Nombre de bouteilles .... En fûts .... Mis en bouteille................ A boire à partir de .... et au plus tard............... Cote d'alerte : RESTE.......................... Commandé le.......................... Nouvelle commande reçue le Dégusté le..............avec.......................... Servi le................. Sur (plat) .... En famille .... Invités.......................... Commentaires..........................		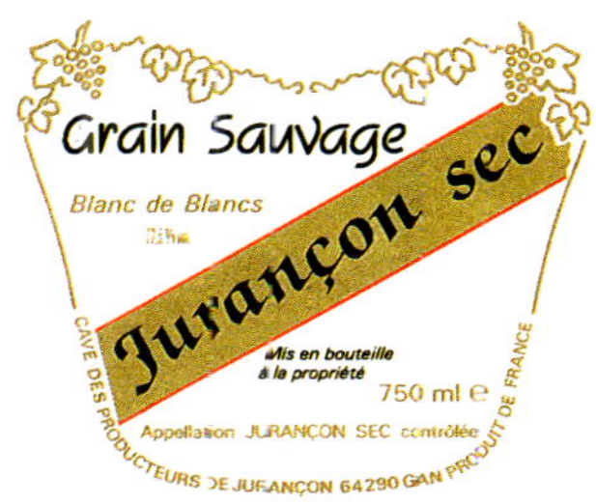 **Cave de Gan-Jurançon** **53, avenue Henri-IV** **64290 Gan - Tél. 59.21.57.03** Brillant, doré teinté de vert. Très puissant et frais, d'une tonalité florale surprenante, fleur d'acacia et arômes de fruits exotiques (ananas frais et mangue). Attaque fraîche et fruitée, souple et harmonieuse. Bon développement aromatique. Finale légère et délicatement citronnée.	

CASIER	RÉGION D'ORIGINE IDENTIFICATION DES VINS	COULEUR	DÉSIGNATION	NOTES
☐	MILLESIME 19– – NATURE – APPELLATION .... – MARQUE .... – DOMAINE .... – FOURNISSEUR .... ACHETÉ LE .... Nombre de bouteilles .... En fûts .... Mis en bouteille................ A boire à partir de .... et au plus tard............... Cote d'alerte : RESTE.......................... Commandé le.......................... Nouvelle commande reçue le Dégusté le..............avec.......................... Servi le................. Sur (plat) .... En famille .... Invités.......................... Commentaires..........................		 **Domaine de Bouscaillous** **Montels** **81140 Castelnau-de-Montmiral - Tél. 63.33.18.85** Rouge foncé. Nez de fruits chauds confits sur un fond d'arômes empyromatiques et naissance d'arômes tertiaires (tripes, cacao). Attaque franche, agréable. Saveurs équilibrées. Tanin présent, fondu, rond. Une pointe de vivacité. Flaveurs fruitées. Finale vanillée.	

CASIER	RÉGION D'ORIGINE	IDENTIFICATION DES VINS	COULEUR	Vignobles et Signatures	NOTES

☐

MILLESIME 19– –
NATURE
– APPELLATION ....
– MARQUE ....
– DOMAINE ....
– FOURNISSEUR ....
ACHETÉ LE .... Nombre de bouteilles ....
En fûts ....
Mis en bouteille................
A boire à partir de .... et au plus tard..............
Cote d'alerte : RESTE..................................
Commandé le..
Nouvelle commande reçue le
Dégusté le............... avec..........................
Servi le................. Sur (plat)....................
En famille ....
Invités..
Commentaires...
....

Château de la Gardine
84230 Châteauneuf-du-Pape - Tél. 90.83.73.20
Rouge grenat. Limpide, clair. Fruité, fruits confits : fraise, framboise, pêche de vigne, abricot, vanille et une pointe de cacao. Très élégant, chaud, puissant et très équilibré. Attaque ronde. Saveurs fondues, harmonieuses. Flaveurs confirment le nez, racé. Finale très réglissée.

CASIER	RÉGION D'ORIGINE	IDENTIFICATION DES VINS	COULEUR	Vignobles et Signatures	NOTES

☐

MILLESIME 19– –
NATURE
– APPELLATION ....
– MARQUE ....
– DOMAINE ....
– FOURNISSEUR ....
ACHETÉ LE .... Nombre de bouteilles ....
En fûts ....
Mis en bouteille................
A boire à partir de .... et au plus tard..............
Cote d'alerte : RESTE..................................
Commandé le..
Nouvelle commande reçue le
Dégusté le............... avec..........................
Servi le................. Sur (plat)....................
En famille ....
Invités..
Commentaires...
....

Château Vannières
83740 La Cadière d'Azur - Tél. 94.29.31.19
Rouge rubis foncé. Reflets grenat velouté. Nez de fruits chauds, confits, mûrs. Arômes de cuir, de kirsh avec une pointe de venaison. Vin très élégant, ample, généreux. Attaque franche. Saveurs équilibrées et harmonieuses, fondues. Flaveurs de fruits rouges, bouquet riche, complexe. Finale ample et sensuelle.

CASIER	RÉGION D'ORIGINE	IDENTIFICATION DES VINS	COULEUR	DÉSIGNATION	NOTES

☐

MILLESIME 19– –
NATURE
– APPELLATION ....
– MARQUE ....
– DOMAINE ....
– FOURNISSEUR ....
ACHETÉ LE .... Nombre de bouteilles ....
En fûts ....
Mis en bouteille................
A boire à partir de .... et au plus tard..............
Cote d'alerte : RESTE..................................
Commandé le..
Nouvelle commande reçue le
Dégusté le............... avec..........................
Servi le................. Sur (plat)....................
En famille ....
Invités..
Commentaires...
....

CASIER	RÉGION D'ORIGINE IDENTIFICATION DES VINS	COULEUR	Vignobles et Signatures	NOTES

☐

MILLESIME 19– –
NATURE
– APPELLATION ....
– MARQUE ....
– DOMAINE ....
– FOURNISSEUR ....
ACHETÉ LE .... Nombre de bouteilles ....
En fûts ....
Mis en bouteille................
A boire à partir de .... et au plus tard...............
Cote d'alerte : RESTE..
Commandé le..
Nouvelle commande reçue le
Dégusté le..............avec........................
Servi le................. Sur (plat) ....
En famille ....
Invités..
Commentaires..
....

Ets Gratien et Meyer, Seydoux
Route de Montsoreau
49100 Saumur - Tél. 41.51.01.54

Jaune pâle. Bulles fines cordon rapide persistant. Minéral (genêt, pierre à fusil), subtil. Attaque franche assez puissante. Saveurs équilibrées. Très nerveux. Flaveurs à dominante florale. Finale épicée, vanillée.

CASIER	RÉGION D'ORIGINE IDENTIFICATION DES VINS	COULEUR	Vignobles et Signatures	NOTES

☐

MILLESIME 19– –
NATURE
– APPELLATION ....
– MARQUE ....
– DOMAINE ....
– FOURNISSEUR ....
ACHETÉ LE .... Nombre de bouteilles ....
En fûts ....
Mis en bouteille................
A boire à partir de .... et au plus tard...............
Cote d'alerte : RESTE..
Commandé le..
Nouvelle commande reçue le
Dégusté le..............avec........................
Servi le................. Sur (plat) ....
En famille ....
Invités..
Commentaires..
....

Domaine René Couly-Dutheil
12, rue Diderot
37500 Chinon - Tél. 47.93.05.84

Rouge rubis vif très limpide. Nez de fruits rouges très mûrs (framboise, mûre). Arômes floraux. Poivron. Bouquet intense. Attaque franche. Rond, gouleyant. Saveurs équilibrées sur fond de nervosité. Tanin léger fondu. Flaveurs confirment le nez. Finale fruitée persistante.

CASIER	RÉGION D'ORIGINE IDENTIFICATION DES VINS	COULEUR	DÉSIGNATION	NOTES

☐

MILLESIME 19– –
NATURE
– APPELLATION ....
– MARQUE ....
– DOMAINE ....
– FOURNISSEUR ....
ACHETÉ LE .... Nombre de bouteilles ....
En fûts ....
Mis en bouteille................
A boire à partir de .... et au plus tard...............
Cote d'alerte : RESTE..
Commandé le..
Nouvelle commande reçue le
Dégusté le..............avec........................
Servi le................. Sur (plat) ....
En famille ....
Invités..
Commentaires..
....

CASIER | RÉGION D'ORIGINE | IDENTIFICATION DES VINS | COULEUR | Vignobles et Signatures | NOTES

☐

MILLESIME 19– –
NATURE
– APPELLATION . . . .
– MARQUE . . . .
– DOMAINE . . . .
– FOURNISSEUR . . . .
ACHETÉ LE . . . . Nombre de bouteilles . . . .
En fûts . . . .
Mis en bouteille. . . . .
A boire à partir de . . . . et au plus tard. . . . .
Cote d'alerte : RESTE. . . . .
Commandé le. . . . .
Nouvelle commande reçue le
Dégusté le. . . . . avec. . . . .
Servi le. . . . . Sur (plat) . . . .
En famille . . . .
Invités. . . . .
Commentaires. . . . .
. . . .

Guilbaud Frères
"Les Lilas" - Mouzillon
44330 Vallet - Tél. 40.36.30.55

Jaune pâle, reflets verts. Nez de fruits secs, noisette, coing ; violette et une pointe d'arômes balsamiquées. Finale grillée. Attaque fraîche, élégante. Saveurs très nerveuses, très équilibrées. Flaveurs florales (jonquille, narcisse). Finale citronnée et vanillée.

CASIER | RÉGION D'ORIGINE | IDENTIFICATION DES VINS | COULEUR | DÉSIGNATION | NOTES

☐

MILLESIME 19– –
NATURE
– APPELLATION . . . .
– MARQUE . . . .
– DOMAINE . . . .
– FOURNISSEUR . . . .
ACHETÉ LE . . . . Nombre de bouteilles . . . .
En fûts . . . .
Mis en bouteille. . . . .
A boire à partir de . . . . et au plus tard. . . . .
Cote d'alerte : RESTE. . . . .
Commandé le. . . . .
Nouvelle commande reçue le
Dégusté le. . . . . avec. . . . .
Servi le. . . . . Sur (plat) . . . .
En famille . . . .
Invités. . . . .
Commentaires. . . . .
. . . .

CASIER | RÉGION D'ORIGINE | IDENTIFICATION DES VINS | COULEUR | Vignobles et Signatures | NOTES

☐

MILLESIME 19– –
NATURE
– APPELLATION . . . .
– MARQUE . . . .
– DOMAINE . . . .
– FOURNISSEUR . . . .
ACHETÉ LE . . . . Nombre de bouteilles . . . .
En fûts . . . .
Mis en bouteille. . . . .
A boire à partir de . . . . et au plus tard. . . . .
Cote d'alerte : RESTE. . . . .
Commandé le. . . . .
Nouvelle commande reçue le
Dégusté le. . . . . avec. . . . .
Servi le. . . . . Sur (plat) . . . .
En famille . . . .
Invités. . . . .
Commentaires. . . . .
. . . .

Domaine de la Moussière
3, rue Porte-César
18300 Sancerre - Tél. 48.54.07.41

Jaune pâle doré. Nez de feuilles de cassis froissées. Fleurs jaunes. Une pointe de miel d'acacia. Finale bonbon anglais. Attaque franche, élégante, suave. Saveurs équilibrées. Flaveurs confirment le nez. Finale intense et persistante.

CASIER	RÉGION D'ORIGINE	IDENTIFICATION DES VINS	COULEUR	DÉSIGNATION	NOTES
☐	MILLESIME 19– – NATURE – APPELLATION . . . . – MARQUE . . . . – DOMAINE . . . . – FOURNISSEUR . . . . ACHETÉ LE . . . . Nombre de bouteilles . . . . En fûts . . . . Mis en bouteille. . . . . A boire à partir de . . . . et au plus tard. . . . . Cote d'alerte : RESTE. . . . . Commandé le. . . . . Nouvelle commande reçue le Dégusté le. . . . . .avec. . . . . Servi le. . . . . Sur (plat) . . . . En famille . . . . Invités. . . . . Commentaires.				

CASIER	RÉGION D'ORIGINE	IDENTIFICATION DES VINS	COULEUR	DÉSIGNATION	NOTES
☐	MILLESIME 19– – NATURE – APPELLATION . . . . – MARQUE . . . . – DOMAINE . . . . – FOURNISSEUR . . . . ACHETÉ LE . . . . Nombre de bouteilles . . . . En fûts . . . . Mis en bouteille. . . . . A boire à partir de . . . . et au plus tard. . . . . Cote d'alerte : RESTE. . . . . Commandé le. . . . . Nouvelle commande reçue le Dégusté le. . . . . .avec. . . . . Servi le. . . . . Sur (plat) . . . . En famille . . . . Invités. . . . . Commentaires.		(see below)	

Champagne Henri Abelé
50, rue Sillery
51100 Reims - Tél. 26.85.23.86

Jaune clair. Bulles en chapelet, régulières, très fines, cordon de bulles vif. Arômes minéraux de brioche grillée, de fleurs blanches et jaunes dans un bouquet subtil. Plein, élégant, friand, frais. Saveurs très équilibrées. Harmonieux. Flaveurs confirment le nez. Net, ferme de goût.

CASIER	RÉGION D'ORIGINE	IDENTIFICATION DES VINS	COULEUR	DÉSIGNATION	NOTES
☐	MILLESIME 19– – NATURE – APPELLATION . . . . – MARQUE . . . . – DOMAINE . . . . – FOURNISSEUR . . . . ACHETÉ LE . . . . Nombre de bouteilles . . . . En fûts . . . . Mis en bouteille. . . . . A boire à partir de . . . . et au plus tard. . . . . Cote d'alerte : RESTE. . . . . Commandé le. . . . . Nouvelle commande reçue le Dégusté le. . . . . .avec. . . . . Servi le. . . . . Sur (plat) . . . . En famille . . . . Invités. . . . . Commentaires.				

CASIER	RÉGION D'ORIGINE IDENTIFICATION DES VINS	COULEUR	Vignobles et Signatures	NOTES
☐	MILLESIME 19– – NATURE – APPELLATION . . . . – MARQUE . . . . – DOMAINE . . . . – FOURNISSEUR . . . . ACHETÉ LE . . . . Nombre de bouteilles . . . . En fûts . . . . Mis en bouteille. . . . . A boire à partir de . . . . et au plus tard. . . . . Cote d'alerte : RESTE. . . . . Commandé le. . . . . Nouvelle commande reçue le Dégusté le. . . . . .avec. . . . . Servi le. . . . . Sur (plat) . . . . En famille . . . . Invités. . . . . Commentaires.		 **Champagne A. Charbaut et Fils** **17, avenue de Champagne - BP 150** **51205 Epernay Cédex - Tél. 26.54.37.55** Jaune doré. Mousse persistante. Bulles nombreuses, vives. Nez fruité (framboise, groseille, cerise), notes animales (fourrure, venaison, rôti). Attaque franche, fraîche. Saveurs équilibrées. Flaveurs de fruits exotiques à dominante agrumes. Finale citronnée et épicée.	

CASIER	RÉGION D'ORIGINE IDENTIFICATION DES VINS	COULEUR	DÉSIGNATION	NOTES
☐	MILLESIME 19– – NATURE – APPELLATION . . . . – MARQUE . . . . – DOMAINE . . . . – FOURNISSEUR . . . . ACHETÉ LE . . . . Nombre de bouteilles . . . . En fûts . . . . Mis en bouteille. . . . . A boire à partir de . . . . et au plus tard. . . . . Cote d'alerte : RESTE. . . . . Commandé le. . . . . Nouvelle commande reçue le Dégusté le. . . . . .avec. . . . . Servi le. . . . . Sur (plat) . . . . En famille . . . . Invités. . . . . Commentaires.			

CASIER	RÉGION D'ORIGINE IDENTIFICATION DES VINS	COULEUR	DÉSIGNATION	NOTES
☐	MILLESIME 19– – NATURE – APPELLATION . . . . – MARQUE . . . . – DOMAINE . . . . – FOURNISSEUR . . . . ACHETÉ LE . . . . Nombre de bouteilles . . . . En fûts . . . . Mis en bouteille. . . . . A boire à partir de . . . . et au plus tard. . . . . Cote d'alerte : RESTE. . . . . Commandé le. . . . . Nouvelle commande reçue le Dégusté le. . . . . .avec. . . . . Servi le. . . . . Sur (plat) . . . . En famille . . . . Invités. . . . . Commentaires.		 **Champagne Piper Heidsieck** **51, boulevard Henry-Vasnier** **51100 Reims - Tél. 26.85.01.94** Or pâle à la mousse abondante. Fines bulles, cordon régulier et persistant. Très floral au premier nez avec quelques notes fruitées. La finesse domine. Saveurs assez vives, nerveuses. Friand et guilleret. Flaveurs très harmonieuses, rondes avec des expressions légèrement épicées en finale. Excellent. De belle facture.	

CASIER	RÉGION D'ORIGINE IDENTIFICATION DES VINS	COULEUR	Vignobles & Signatures	NOTES
☐	MILLESIME 19– – NATURE – APPELLATION . . . . – MARQUE . . . . – DOMAINE . . . . – FOURNISSEUR . . . . ACHETÉ LE . . . . Nombre de bouteilles . . . . En fûts . . . . Mis en bouteille. . . . . A boire à partir de . . . . et au plus tard. . . . . Cote d'alerte : RESTE. Commandé le. Nouvelle commande reçue le Dégusté le. . . . . .avec. Servi le. . . . . Sur (plat) . . . . En famille . . . . Invités. Commentaires.		 **Château de Laubade** **"Sorbets"** **32110 Nogaro - Tél. 62.09.06.02** Robe jaune. Reflets très dorés. Nez fin, abricot, pruneaux, violette, cuir de Russie. Finale vanillée. Attaque discrète, fruitée. Chauffe tout doucement et s'épanouit sur du fruité. Très équilibré. Flaveurs harmonieuses, fondues (gentiane, pruneaux). Finale vanille poivrée.	

CASIER	RÉGION D'ORIGINE IDENTIFICATION DES VINS	COULEUR	DÉSIGNATION	NOTES
☐	MILLESIME 19– – NATURE – APPELLATION . . . . – MARQUE . . . . – DOMAINE . . . . – FOURNISSEUR . . . . ACHETÉ LE . . . . Nombre de bouteilles . . . . En fûts . . . . Mis en bouteille. . . . . A boire à partir de . . . . et au plus tard. . . . . Cote d'alerte : RESTE. Commandé le. Nouvelle commande reçue le Dégusté le. . . . . .avec. Servi le. . . . . Sur (plat) . . . . En famille . . . . Invités. Commentaires.			

CASIER	RÉGION D'ORIGINE IDENTIFICATION DES VINS	COULEUR	DÉSIGNATION	NOTES
☐	MILLESIME 19– – NATURE – APPELLATION . . . . – MARQUE . . . . – DOMAINE . . . . – FOURNISSEUR . . . . ACHETÉ LE . . . . Nombre de bouteilles . . . . En fûts . . . . Mis en bouteille. . . . . A boire à partir de . . . . et au plus tard. . . . . Cote d'alerte : RESTE. Commandé le. Nouvelle commande reçue le Dégusté le. . . . . .avec. Servi le. . . . . Sur (plat) . . . . En famille . . . . Invités. Commentaires.		COGNAC **Otard** au Château de Cognac **Cognac Otard au Château de Cognac** **BP 3 - 16101 Cognac Cedex - Tél. 45.82.40.00** Robe de couleur sauvage (feu), ambrée, mordorée, cuivrée avec une pointe de vert. Nez élégant, expressif, pétale de rose fanée. Vanillée et menthée, miel d'acacia, cire d'abeille. Attaque légèrement mordante, réchauffe le palais pour aboutir dans des expressions florales et fruitée. Finale délicate et subtile. Tonalité poivrée.	

CASIER	RÉGION D'ORIGINE IDENTIFICATION DES VINS	COULEUR	Vignobles et Signatures	NOTES
☐	MILLESIME 19– – NATURE – APPELLATION . . . . – MARQUE . . . . – DOMAINE . . . . – FOURNISSEUR . . . . ACHETÉ LE . . . . Nombre de bouteilles . . . . En fûts . . . . Mis en bouteille. . . . . A boire à partir de . . . . et au plus tard. . . . . Cote d'alerte : RESTE. . . . . Commandé le. . . . . Nouvelle commande reçue le Dégusté le. . . . . .avec. . . . . Servi le. . . . . Sur (plat) . . . . En famille . . . . Invités. . . . . Commentaires.		 **Domaine de Braux** **Boucq** **54200 Toul - Tél. 83.43.81.57** Translucide. Onctueux. Pailleté. Arômes intenses, fins. Très fruité. Faibles arômes de noyaux. Bouquet gras et fin. Finale réglissée. Attaque chaleureuse, élégante. Progression de la chaleur et des arômes de bouche. Saveurs équilibrées. Dominante amer (amertume noble). Flaveurs réglissées, poivrées. Finale gentiane, persistante.	

CASIER	RÉGION D'ORIGINE IDENTIFICATION DES VINS	COULEUR	DÉSIGNATION	NOTES
☐	MILLESIME 19– – NATURE – APPELLATION . . . . – MARQUE . . . . – DOMAINE . . . . – FOURNISSEUR . . . . ACHETÉ LE . . . . Nombre de bouteilles . . . . En fûts . . . . Mis en bouteille. . . . . A boire à partir de . . . . et au plus tard. . . . . Cote d'alerte : RESTE. . . . . Commandé le. . . . . Nouvelle commande reçue le Dégusté le. . . . . .avec. . . . . Servi le. . . . . Sur (plat) . . . . En famille . . . . Invités. . . . . Commentaires.		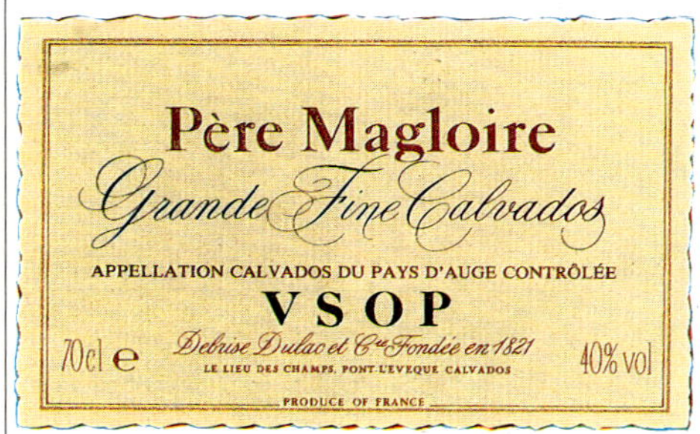 **Ets Debrise-Dulac et Cie** **Le Lieu des Champs** **14130 Pont L'Évêque - Tél. 31.64.12.87** Calvados limpide, ambré, aux reflets de vieil or, très lumineux, ensoleillé. Harmonieux, équilibré, fruité affirmé et fraîcheur. Confirme sa descendance de la pomme, son noble respect de la lignée et laisse percevoir une gamme talentueuse de sensations affinées, "parallèles", légères. Impression de qualité naturelle.	

CASIER	RÉGION D'ORIGINE IDENTIFICATION DES VINS	COULEUR	DÉSIGNATION	NOTES
☐	MILLESIME 19– – NATURE – APPELLATION . . . . – MARQUE . . . . – DOMAINE . . . . – FOURNISSEUR . . . . ACHETÉ LE . . . . Nombre de bouteilles . . . . En fûts . . . . Mis en bouteille. . . . . A boire à partir de . . . . et au plus tard. . . . . Cote d'alerte : RESTE. . . . . Commandé le. . . . . Nouvelle commande reçue le Dégusté le. . . . . .avec. . . . . Servi le. . . . . Sur (plat) . . . . En famille . . . . Invités. . . . . Commentaires.			

UNE ETIQUETTE, C'EST UNE PARTIE DE L'IDENTITE D'UN VIN

Millésimé ou non.

egré alcoolique noté en volume d'alcool par litre de vin.

C'est la marque.

C'est l'A.O.C. donc la garantie d'origine.

Nom et adresse du vigneron.

Contenance obligatoire.

C'est la garantie de la mise en bouteilles à la propriété.

LES MILLESIMES DE 1955 à 1986

20 : exceptionnel
18 : très bon
15 : bon
10 : assez bon
5 : passable
0 : médiocre

	1955	1959	1961	1962	1964	1966	1967	1969	1970	1971
ALSACE										20
BORDEAUX rouges	20	18	20	18	15	18	15	5/10	20	18
BORDEAUX blancs	18	18	20	18	10	15	20	10	18	18
BOURGOGNES rouges	18	20	20	15	18	18	15	18	15/18	18
BOURGOGNES blancs	15	15	18	15	15	15	15	18	18/20	18
BEAUJOLAIS									15	18
COTES-DU-RHONE	18	18	18/20	15/18	15	15	18	10	18	15
nord : rouges										
blancs	15	18	18	15	18	15	15	18	18	
COTES-DU-RHONE	15	18	20	18	10	15	18	10	15	18
sud : rouges										
blancs	15	18	15	18	10	15	15	10	10/15	20
LANGUEDOC-ROUSSILLON	15/18	18	15/18	15	20	15	15	15	18	18
PROVENCE-CORSE	18	20	15/18	18	20	15	15/18	10/15	15	15
VAL DE LOIRE										
MUSCADET	18	20	18	15/18	15	15	18	18	15	15
ANJOU	18	20	15	15	18	18	18	20	18	15
TOURAINE	18	20	18	15	18	18	18	18	18	15
SANCERRE ET										
POUILLY-FUME	18	18	18	15	15	15	18	15	15	20
CHAMPAGNE										

	1972	1973	1974	1975	1976	1977	1978	1979	1980	1981
ALSACE	5/10	18	15	18	20	15	18	10	18	15
BORDEAUX rouges	5/10	10	10	18	15/18	5/10	18/20	18	10/15	18
BORDEAUX blancs	5	10	10	18	18	10	15	15	10	18
BOURGOGNES rouges	15/18	10	5/10	5	18	5/10	20	15/18	15	10
BOURGOGNES blancs	10	15	10/15	18	10	18	15	10	18	18
BEAUJOLAIS	10	15	10	10	18	5	20	15	10	15/18
COTES-DU-RHONE	15	10	15	5	15/18	10/15	20	18	15	10
nord : rouges										
blancs	10/5	10	18	5	18	15	18	18/20	15/18	18
COTES-DU-RHONE	15	10	10	10	15	5	18/20	15/18	15	15
sud : rouges										
blancs	10	10	10	5/10	15	5	18/20	18	15	15
LANGUEDOC-ROUSSILLON	10	10	10	10/15	15	5	18	15	18	15/18
PROVENCE-CORSE	10	10	15	18	5	10/15	18	10/15	18	18
VAL DE LOIRE										
ANJOU	0	10	5	15	18	5	18	15	10	12
MUSCADET	5	15	5	15	18	5	18	15	10	15
TOURAINE	0	10	10	10	20	5	15	15	5	10
SANCERRE ET	0	18	15	18	18	10	18	15/18	15	18
POUILLY-FUME	0	18	15	18	18	10	18	15/18	15	18
CHAMPAGNE				20	20			20		20

	1982	1983	1984	1985	1986
ALSACE	15	20	5	18	15
BORDEAUX rouges	20	15/18	10/15	18/20	18/20
BORDEAUX blancs	15	18	10	15	10
BOURGOGNES rouges	10/15	15/18	10	18	15/18
BOURGOGNES blancs	18	18	15/18	18	18/20
BEAUJOLAIS	10/15	18	15	20	18
COTES-DU-RHONE	10/15	20	10	15	15/18
nord : rouges					
blancs	18	18	5/10	10	15
COTES-DU-RHONE					
sud : rouges	10	15/18	10/15	15	18
blancs	10/15	18	10	15	18
LANGUEDOC-ROUSSILLON	15	18	15	15	18
PROVENCE-CORSE	18	18	15	18	18
VAL DE LOIRE					
MUSCADET	15	18	15	18	15/18
ANJOU	15	18	15	18	15
TOURAINE	15	18	15	18	18
SANCERRE ET	10	15	18	18	18
POUILLY-FUME					
CHAMPAGNE	20	20			

EAUX DE VIE DE FRANCE

REGARDS SUR LE PASSE

L'antiquité ne connaissait point les eaux-de-vie ; elle n'avait su imaginer, ni inventer la distillation, à moins que vers l'Orient...

La distillation vient, effectivement, d'Extrême-Orient et nous, Occidentaux, l'avons apprise en Orient. Les Arabes distillaient depuis le Moyen-Age. D'ailleurs, les mots "alcool", "alambic", "alchimie"... sont des termes dérivant de la langue arabe.

A l'origine, l'alcool n'avait pas été découvert et conçu pour les besoins alimentaires de l'homme. Sa vocation première était réservée à la médecine, sous forme de traitement externe ou interne (à faibles doses). Peu à peu, l'homme trouva un certain plaisir à la consommer et y puisa des ressources que la vie quotidienne ne lui donnait pas ; d'où l'expression "Si le désir de boire est à l'origine du vin, le désir de plaire est à l'origine de l'alcool". Chez les Arabes, les premières vapeurs d'alcool condensées, en les mélangeant avec des poudres, servaient pour le visage et le fard des yeux.

Certains auteurs possèderaient la preuve que nos ancêtres les Gaulois distillaient les marcs de raisin. Mais nous sommes absolument certains que ce sont les Arabes qui nous ont initiés à l'art de la distillation, à sa technique ; ce qui nous permit d'extraire du vin "l'eau-de-vie".

Pour beaucoup, vers le XIIIe siècle, l'alcool était la panacée recherchée depuis longtemps : l'élixir de vie, vieux rêve des alchimistes.

On distilla tous les fruits qui pouvaient fermenter, et on y ajouta à l'alcool obtenu des fruits et des plantes en macération pour agrémenter son goût et obtenir des saveurs élégantes, charmeuses.

Dans le silence des monastères et dans l'arrière échoppe de quelques alchimistes et apothicaires, on inventa les secrets de fabrication des premières liqueurs et eaux-de-vie de vin vieillies et affinées dans des fûts de chêne.

Les secrets se sont transmis de génération en génération. Aujourd'hui encore, certaines liqueurs ne peuvent être élaborées qu'à partir de recettes précises dont le secret est gardé par une ou deux personnes seulement.

L'évolution de la distillation a permis d'obtenir des eaux-de-vie parfaites, exemptes de mauvais goût. Nos célèbres eaux-de-vie de France font le bonheur du monde entier par leur diversité, leur finesse, leur élégance et leur goût incomparable et inimitable.

ARMAGNAC

Cette eau-de-vie résulte de la distillation lente et continue des vins blancs, obtenue dans la zone délimitée (Gers, Landes, Lot et Garonne) à partir des Cépages Folle Blanche, Picpoul, St-Emilion. L'Armagnac se subdivise en trois zones : le Haut Armagnac - La Ténarèze et le Bas Armagnac qu'on pourrait subdivisé encore en trois parties. Ces vins blancs sont distillés dans des alambics à production continue (aujourd'hui on utilise les deux alambics : l'alambic continu et l'alambic charentais (Cognac). Les eaux-de-vie recueillies titrent 60° environ. Elles sont mises dans des fûts de chêne neuf.

Pendant le "mûrissement" les tanins du bois du fût colorient l'eau-de-vie limpide et celle-ci deviendra brune. Lorsqu'on estime le vieillissement suffisant, on coupe les eaux-de-vie d'âge différent entre elles pour obtenir l'Armagnac typique de la maison ou le style de cuvée particulière que l'on veut obtenir.

Par adjonction d'eau distillée, on abaissera la teneur alcoolique au degré autorisé pour la mise en marché (40° d'alcool ou 40% en volume). L'Armagnac est alors prêt à être mis en bouteilles. Un Armagnac a le droit au millésime, contrairement au Cognac ; mais il doit exclusivement provenir d'un assemblage d'eaux-de-vie d'une seule et même année.

"V.O.", "V.S.O.P.", "Réserve" : ces termes ne peuvent s'appliquer qu'à des eaux-de-vie d'au moins 4 ans d'âge pour la plus jeune entrant dans le coupage ; "X.O." et "Napoléon" pour des eaux-de-vie de plus de 5 ans d'âge.

COGNAC

Cette eau-de-vie est obtenue en partant de vins blancs distillés et issus des cépages Folle Blanche, Colombard et Ugni Blanc). Cette distillation porte le nom de "méthode charentaise", faite dans un alambic à repasse, c'est-à-dire en subissant deux distillations successives.

La première chauffe donne le "brouillis" de 27 à 30° (27 à 30% en volume) que l'on réchauffe lentement pendant dix à douze heures. On isole les eaux-de-vie de tête (du début), trop riches en produits volatils et les eaux-de-vie de queue (les fins de distillat) trop riches en produits lourds, nocifs pour notre consommation. On ne conserve que les "cœurs" ou le "cœur". Ce principe de distillation est identique pour toutes les distillations quelles

XO
COGNAC
Otard
au Château de Cognac

que soient les types d'alambics. L'eau-de-vie titre de 69 à 72°.

La région de Cognac, comme la Charente et la Charente-Maritime, est le principal producteur de Cognac, avec de toutes petites incursions dans quelques départements voisins. La production de Cognac est strictement définie et sévèrement contrôlée. Elle est répartie dans divers terroirs : Grande Champagne entourant Ségonzac, la Petite Champagne d'est en ouest, puis les Borderies, les Fins Bois, les Bons Bois et les Bois Ordinaires.

La Fine Champagne est un mélange de Grande et Petite Champagne avec un minimum de 50% de Grande Champagne.

Le Cognac s'affine avec les ans et le contact avec le bois de chêne des fûts. Il améliore sa qualité dans un vieillissement lent et dans l'humidité relative des chais.

Lorsque le Cognac est à point dans son vieillissement, tel qu'on le souhaite, on assemble des cuvées appelées "coupes". Dès que le Cognac est ramené à 40° (40% en volume) par adjonction d'eau distillée, on le met en bouteilles.

☆☆☆ correspondant à un Cognac dans lequel la plus jeune eau-de-vie entrant dans l'assemblage a au moins 30 mois.

"V.O." et "V.S.O.P." : ces termes s'appliquent à des eaux-de-vie de plus de 4 ans et demi.

"Hors d'âge", "X.O.", "Extra", "Napoléon", "Grande Réserve" pour des eaux-de-vie de plus de 5 ans mais on y trouve des Cognacs de 30, 50 ans et plus.

EAUX-DE-VIE DE FRUITS

Seuls, le Marc de Gewurztraminer, le Marc de Bourgogne et la Mirabelle de Lorraine bénéficient de l'Appellation Contrôlée. Les autres appartiennent aux appellations règlementaires, telles ces eaux-de-vie blanches de cerise, de prune, de poire, de framboise...

RHUM

Les rhums français sont produits en Martinique, en Guadeloupe et à la Réunion. Les rhums sont élaborés de deux façons, ce qui les classe en rhums industriels et rhums agricoles (de loin les meilleurs).

Les rhums industriels proviennent de la distillation de mélasses de canne à sucre et autres résidus de canne. Les sucreries produisent en majeure partie des rhums industriels.

Les rhums agricoles proviennent du pur jus de canne à sucre, appelé vesou. Ils ont un goût plus "fruité", plus "moelleux".

On distinguera les rhums blancs, les rhums industriels (3 ans de fût environ), les rhums industriels vieux (plus de 3 ans de fût), rhums agricoles et les rhums agricoles vieux.

Les rhums agricoles vieux sont d'excellente qualité et doivent, si possible, être dégustés comme toutes eaux-de-vie de qualité hors d'âge : dans un grand verre, en petite quantité et en l'état.

CALVADOS

Le Calvados est issu de la distillation du cidre, à partir d'une distillation "méthode charentaise".

On distingue le "Calvados du Pays d'Auge" (A.O.C.) ; le "Calvados de la Vallée de l'Orne" ; le "Calvados du Mortonnais" le "Calvados de l'Avrachin" ; le "Calvados du Pays de Merlerault" ; le "Calvados du Pays de Bray" ; le "Calvados du Domfrontais" ; le "Calvados du Cotentin" ; sans compter les eaux-de-vie de cidre (de Bretagne, de Normandie, du Maine...), en appellations règlementées (mais non d'Origine Contrôlée).

☆☆☆ correspond à un an de vieillissement, "Vieux", "Réserve" à 2 ans de vieillissement, "V.O.", "Vieille Réserve" à un minimum de 3 ans de vieillissement, "V.S.O.P." à un minimum de 4 ans, "Extra", "Napoléon", "Hors d'Age" à plus de 5 ans.

DEGUSTATION ET SOINS PARTICULIERS

Les eaux-de-vie "brunes" en général sont consommées chambrées ; sauf si on le désire, à certaines heures, les boire "on the rock's" avec des glaçons. C'est agréable. En digestif, elles seront dégustées à la température ambiante.

Les eaux-de-vie blanches, à part la Mirabelle et la Prunelle qui sont préférées et conseillées à température ambiante, doivent être servies et appréciées fraîches à 6-8°C environ.

Dans la cave, il convient de réserver un casier, une étagère ou de préférence une armoire, pour conserver les eaux-de-vie en les classant par variété, par ancienneté ou millésime.

Conserver les eaux-de-vie toujours verticales, quelles qu'elles soient . Les bouteilles d'eaux-de-vie ne doivent jamais être couchées contrairement aux bouteilles de vin.

Dans une armoire, elles seront à l'abri des chocs, des manipulations maladroites.

Les eaux-de-vie se consomment dans des verres à pied, spacieux, en forme de tulipe, avec un large renflement à la base du ballon et assez étroit dans la partie supérieure afin de bien capter les arômes. On les déguste lentement, à petites lampées, jamais cul-sec. La dégustation des eaux-de-vie appartient au domaine du plaisir, pour le mériter il faut prendre son temps, l'apprécier, le faire venir de loin et le prolonger. Tout est dans la délicatesse, dans l'élégance et la tem-

Père Magloire
VSOP
Père Magloire
Grande Fine Calvados
GRAND CRU DU PAYS D'AUGE
VSOP
CALVADOS
Père Magloire
CALVADOS
L'AVENTURE DE LA MARINE

QUELQUES ADRESSES UTILES

ALSACE

Domaine des Comtes de LUPFEN *(V& S)*
32 Grand'rue, Kientzheim
68240 KAYSERSBERG Tél. : 89.78.23.56

Cave vinicole d'EGUISHEIM
6 Grand'rue
68420 EGUISHEIM Tél. : 89 41 11 06

HUGUEL & Fils S.A.
68340 RIQUEWIHR Tél. : 89 47 92 15

DOPFF "Au Moulin" S.A.
2 avenue J.Preiss
68340 RIQUEWIHR Tél. : 89 47 92 23

DOPFF & IRION
Château de Riquewihr
68340 RIQUEWIHR Tél. : 89 47 92 51

Domaine André GRESSER
2, rue de l'Ecole
Andlau
67140 BARR Tél. : 88 08 95 88

TRIMBACH
68150 RIBEAUVILLE Tél. : 89 73 60 30

Léon BEYER
68420 EGUISHEIM Tél. : 89 41 41 05

Domaine SCHLUMBERGER
100, rue Théodore Deck
68500 GUEBWILLER Tél. : 89 74 27 00

BOURGOGNE - BEAUJOLAIS - MACONNAIS

HENRI LAROCHE (Chablis et Chassagne, Puligny-Montrachet) *(V & S)*
22, rue Louis Bro
89800 CHABLIS Tél. : 86 42 14 30

Louis TETE *(V & S)*
"Les Dépôts"
St-Didier sur Beaujeu
69430 BEAUJEU Tél. : 74 04 82 27

BOUCHARD Père & Fils
Au Château
B.P. 70
21202 BEAUNE Tél. : 80 22 14 41

AUJOUX
69380 ST-GEORGES-DE-RENEINS Tél. : 74 67 68 67

Jean DURUP (Chablis)
4, Grand'rue
Maligny
89800 CHABLIS Tél. : 86 47 44 49

Charles VIENOT
5, Quai Dumorey
21700 NUITS-ST-GEORGES Tél. : 80 62 31 21

DELORME
rue de la République
Rully
71150 CHAGNY Tél. : 85 87 10 12

Joseph DROUHIN
7, rue d'Enfer
B.P. 29
21201 BEAUNE CEDEX

MOMMESSIN
La Grande St-Pierre
71850 CHARNAY-LES-MACON Tél. : 85 34 47 74

JABOULET-VERCHERE
5, rue Colbert
21201 BEAUNE Tél. : 80 22 25 22

Louis JADOT
5, rue Samuel-Legay
21203 BEAUNE CEDEX

Maison JAFFELIN
Caves du Chapître
2, rue du Paradis
21200 BEAUNE Tél. : 80 22 12 49

Antonin RODET
71640 MERCUREY Tél. : 85 45 22 22

GEVREY-CHAMBERTIN

Domaine CLAUDINE DESCHAMPS
rue de l'Eglise
Prémeaux-Prissey
21700 NUITS-ST-GEORGES Tél. : 80 61 25 44

Charles QUILLARDET
18 Route de Dijon
21220 GEVREY-CHAMBERTIN Tél. : 80 34 10 26

CHAMBOLLE-MUSIGNY

Château de CHAMBOLLE-MUSIGNY
21220 GEVREY-CHAMBERTIN Tél. : 80 62 85 39

Gaston BARTHOD-NOELLAT
Chambole-Musigny
21220 GEVREY-CHAMBERTIN Tél. : 80 62 85 95

NUITS-ST-GEORGES

J. FAIVELEY
Clos de la Maréchale
8, rue du Tribourg
21700 NUITS-ST-GEORGES Tél. : 80 61 04 55

Honoré LAVIGNE
Zone Industrielle
B.P. 102
21700 NUITS-ST-GEORGES Tél. : 80 61 00 06

ALOXE-CORTON

Pierre ANDRE - Château CORTON-ANDRE
Aloxe-Corton
21420 SAVIGNY-LES-BEAUNE Tél. : 80 26 44 25

Louis CHAPUIS
Aloxe-Corton
21420 SAVIGNY-LES-BEAUNE Tél. : 80 26 40 99

CORTON

Domaine LOUIS LATOUR
18, rue des Tonneliers
21200 BEAUNE Tél. : 80 22 31 20

LA REINE PEDAUQUE
Aloxe-Corton
21420 SAVIGNY-LES-BEAUNE Tél. : 80 26 40 00

SAVIGNY-LES-BEAUNE

Maurice GIBOULOT
rue du Gl Leclerc
21420 SAVIGNY-LES-BEAUNE Tél. : 80 21 52 30

Lucien JACOB
Echevronne
21420 SAVIGNY-LES-BEAUNE Tél. : 80 21 52 15

BEAUNE

Philippe BOUCHARD
21, rue Chaumergy
B.P. 197
21205 BEAUNE CEDEX Tél. : 80 24 60 66

CHANSON Père & Fils
10, rue Paul Chanson
21200 BEAUNE Tél. : 80 22 33 00

Jacques GERMAIN
Château de Chorey-Les Beaune
21200 BEAUNE Tél. : 80 24 70 50

POMMARD

Domaine DE COURCEL
21630 POMMARD Tél. : 80 22 11 70

Domaine PARENT
21630 POMMARD Tél. : 80 22 15 08

Clos des EPENEAUX
Place de l'Eglise
21630 POMMARD Tél. : 80.24.70.50

VOLNAY

Domaine Michel LAFARGE
Volnay
21190 MEURSAULT Tél. : 80 21 61 61

Domaine MARQUIS D'ANGERVILLE
Volnay
21190 MEURSAULT Tél. : 80 21 61 75

MONTHELIE

Château de MONTHELIE
Monthélie
21190 MEURSAULT Tél. : 80 21 23 32

Michel DESCHAMPS
Monthélie
21190 MEURSAULT Tél. : 80 21 28 60

MEURSAULT

Château de MEURSAULT
21190 MEURSAULT Tél. : 80 21 22 98

Domaine Robert AMPEAU & Fils
6, rue du Cromin
21190 MEURSAULT Tél. : 80 21 20 35

Louis MAX
6, rue de Chaux
21700 NUITS-ST-GEORGES Tél. : 80 61 11 23

PULIGNY-MONTRACHET ET CHASSAGNE-MONTRACHET

Domaine Etienne SAUZET
Puligny-Montrachet
21190 MEURSAULT Tél. : 80 21 32 10

Philippe BOUZEREAU
15, Place de l'Europe
21290 MEURSAULT Tél. : 80 21 20 32

Domaine Bernard BACHELET & Fils
Dezize-les-Maranges
71150 CHAGNY Tél. : 85 87 32 83

Domaine ANDRE RAMONET
Chassagne-Montrachet
21190 MEURSAULT

SANTENAY

Michel GUTRIN
21590 SANTENAY — Tél. : 80 20 60 27

Lucien MUZARD
21590 SANTENAY — Tél. : 80 20 61 85

MERCUREY

Château de CHAMIREY
Antonin Rodet
Mercurey
71640 GIVRY — Tél. : 85 45 22 22

Robert LANDRE
Clos Michaud
Mellecey
71640 GIVRY — Tél. : 85 47 13 84

MACON

Cave coopérative "EN CONDEMINE"
71850 CHARNAY-LES-MACON — Tél. : 85 34 54 24

Henri LAFARGE
Le Bourg-à-Bray
71250 CLUNY — Tél. : 85 50 02 18

POUILLY-FUISSE

COLLIN ET BOURISSET
rue de la Gare
71680 CRECHES-SUR-SAONE — Tél. : 85 37 11 15

Château FUISSE
Fuissé
71960 PIERRECLOS — Tél. : 85 35 61 44

Roger LUQUET
Le Bourg-Fuissé
71960 PIERRECLOS — Tél. : 85 35 60 91

Domaine Guy SAGET
58150 POUILLY-SUR-LOIRE — Tél. : 86.39.16.37

BORDEAUX ET BORDEAUX SUPERIEURS

Cave Coopérative D'ESPIET
33420 BRANNE — Tél. : 57 24 24 08

Château de BERTIN
33760 TARGON — Tél. : 56 23 93 61

Château BONNET
Grézillac
33420 BRANNE — Tél. : 57 84 52 07

Château DU BRU
Avit-St-Nazaire
33220 STE FOY-LA-GRANDE — Tél. : 57 46 12 71

Château BECHEREAU
Les Artigues de Lussac
33570 LUSSAC — Tél. : 57 24 31 22

Château FONCHEREAU
Montussan
33450 ST-LOUBES — Tél. : 56 72 96 12

Château de GAUSSENS
Baurech
33880 CAMBES — Tél. : 56 21 31 43

BORDEAUX DES COTES (Côtes de Castillon, de Blaye, de Bourg, de Fronsac et Canon-Fronsac) ou Côtes de Bordeaux

COTES DE CASTILLON

Château DE PITRAY
Gradegan et Tourtirac
33350 CASTILLON-LA-BATAILLE Tél. : 57 40 63 48

Château FONDS-RONDES
La Gaffelière
33330 ST-EMILION Tél. : 57 24 74 48

Château GAILLARDET
135, rue M. Montaigne
33350 CASTILLON-LA-BATAILLE Tél. : 57 40 22 68

Château MOULIN ROUGE
St-Magne-de-Castillon
33350 CASTILLON-LA-BATAILLE Tél. : 57 40 06 71

COTES DE BLAYE

Château LARDIERE
Marcillac
33860 REIGNAC Tél. : 57 32 41 38

Château BARBE
33390 BLAYE Tél. : 57 64 32 43

Château CRUSQUET DE LAGARCIE
Le Crusquet
33390 BLAYE Tél. : 57 42 15 21

Château DES JONQUEYRES
Courgeau - St Paul de Blaye
33390 BLAYE Tél. : 57 42 34 88

COTES DE BOURG

Château BRULESECAILLE
Tauriac
33710 BOURG-SUR-GIRONDE Tél. : 57 68 40 31

Château GUERRY
Domaine du Ribet
Tauriac
33710 BOURG-SUR-GIRONDE Tél. : 57 68 41 31

Château HAUT MACO
Tauriac
33710 BOURG-SUR-GIRONDE Tél. : 57 68 81 26

Château PLAISANCE
Villeneuve
33710 BOURG-SUR-GIRONDE Tél. : 57 64 92 13

COTES DE FRONSAC ET CANON-FRONSAC

Château VRAY CANON BOYER
33145 ST-MICHEL-DE-FRONSAC Tél. : 57 51 06 07

Château CARDENEAU
Saillans
33141 VILLEROUGE Tél. : 57 84 32 07

Château CANON
33145 ST-MICHEL-DE-FRONSAC Tél. : 57 51 06 07

Château LA DAUPHINE
33126 FRONSAC Tél. : 57 51 26 44

PREMIERES COTES DE BORDEAUX

Château DE CLYDE
Tabanac
33550 LANGOIRAN Tél. : 56.67.16.56

Domaine DE LA MEULIERE
Cenac
33360 LATRESNE Tél. : 56.23.31.29

Château BRETHOUS
Camblanes
33360 LATRESNE Tél. : 56.20.77.76

Château DU JUGE
33410 Cadillac Tél. : 56.62.17.77

Château MANOS
Haux
33550 Langoiran Tél. : 56.23.05.18

Château HANTEILLAN
Cissac
33250 PAUILLAC Tél. : 56 59 35 31

Château MAUCAMPS
Macau
33640 MARGAUX Tél. : 56 30 42 04

Château MAYNE LALANDE
Le Mayne de Lalande
Listrac
33480 CASTELNAU-DE-MEDOC Tél. : 56 58 14 51

Château BRILLETTE
Moulis
33480 CASTELNAU-DE-MEDOC Tél. :56 58 22 09

Château HAUT BAGES AVEROUS
33250 PAUILLAC Tél. : 56 59 25 59

Château LE BOSQ
St Estèphe
33250 PAUILLAC Tél. : 56 59 38 44

MEDOC

On pourrait citer tous les Grands Crus classés mais faisons place, plutôt, à des méconnus d'une grande qualité.

Château GREYSAC-Domaine CODEM
Bégadan
33340 LESPARRE Tél. : 56 41 50 29

Château LA CLARE
Bégadan
33340 LESPARRE Tél. : 56 41 50 61

Château LA TOUR DE BY
33340 BEGADAN Tél. : 56 41 50 03

Château PATACHE D'AUX
33340 LESPARRE Tél. : 56 41 50 18

GRAVES

Château BRONDELLE
33210 LANGON
Tél. : 56 65 42 32

Château CABANNIEUX
33640 PORTETS
Tél. : 56 67 22 01

Château DE CHANTEGRIVE
33720 PODENSAC Tél. : 56 27 17 38

Château LA LOUVIERE
C/O Château Bonnet
Grezillac
33420 BRANNE Tél. : 57 84 52 07

SAINT-EMILION

Château HAUT-SARPE *(V & S)*
et Château LE CASTELOT
S.C. J. Janoueix
37 rue Pline Parmentier
33500 LIBOURNE — Tél. : 57 51 41 86

Château BENITEY
Cie vinicole de la Taste.
Les Fontenilles
Carignan de Bordeaux
33360 LATRESNE — Tél. : 56 20 54 61

Clos VALENTIN
(Clos Leydet-Valentin)
33330 ST-EMILION — Tél. : 57 24 73 05

Union des Producteurs de ST-EMILION
B.P. 27
33330 ST-EMILION — Tél. : 57 24 70 71

Château CARDINAL-VILLEMAURINE
Place du Marcadieu
33330 ST-EMILION — Tél. : 57 24 74 46

Château DE FERRAND
33330 ST-EMILION — Tél. : 57 74 47 11

Château GRAND CORBIN MANUEL
33330 ST-EMILION — Tél. : 57 51 12 47

Château HAUT-LAVALLADE
33330 ST-EMILLION — Tél. : 57 24 77 47

Château MONBOUSQUET
33330 ST-EMILION — Tél. : 57 51 56 18

Château HAUT-MILON
Les Jays - Les Artigues de Lussac
33570 LUSSAC — Tél. : 57 24 32 08

Château VERNAY-BONFORT
Cheval Quancart
33440 AMBARES ET LAGRAVE — Tél. : 56 77 66 66

Château TOUR DU PAS ST GEORGES
Château Ausone
33330 ST-EMILION — Tél. : 57 24 70 94

POMEROL

Château LA CROIX *(V & S)*
S.C. J. Janoueix
37 rue Pline Parmentier
33500 - LIBOURNE — Tél. : 57 51 41 86

Château BEAUSEJOUR
Pomerol
33500 LIBOURNE

CLOS DU CLOCHER
Catusseau - Pomerol
33500 LIBOURNE — Tél. : 57 51 62 97

Château LA POINTE
33330 ST-EMILION — Tél. : 57 51 02 11

Château LE BON PASTEUR
Pomerol
33500 LIBOURNE — Tél. : 57 51 10 94

Château TROTANOY
Pomerol
33500 LIBOURNE

ENTRE-DEUX-MERS

Château BONNET
Grézillac
33420 BRANNE — Tél. : 57 84 52 07

Château CANDELEY
St Antoine du Queyret
33790 PELLEGRUE — Tél. : 56 61 31 46

Château LA BLANQUERIE
Mérignas
33350 CASTILLON LA BASTILLE Tél. : 57 84 10 35

Château DE LAUNAY
Soussac
33790 PELLEGRUE Tél. : 56 61 31 51

Château TOUR DE MIRAMBEAU
Naujean et Postiac
33420 BRANNE Tél. : 57 84 55 08

SAUTERNES

Château BASTOR LA MONTAGNE
Preignac
33210 LANGON Tél. : 56 63 27 66

Château GILETTE
Preignac
33 210 LANGON Tél. : 56 63 27 59

Château GUIRAUD
Sauternes
33210 LANGON Tél. : 56 63 61 01

Château ST-AMAND
Preignac
33210 LANGON Tél. : 56 63 27 28

Château BOUYOT
Barsac
33720 PODENSAC Tél. : 56 27 19 46

BARSAC

Château CANTEGRIL
Château Reynon-Begney
33410 CADILLAC Tél. : 56 62 96 51

Château MENOTA
Barsac
33720 PODENSAC Tél. : 56 27 15 80

Château PIOT-DAVID
33410 CADILLAC Tél. : 56 62 97 30

SAINTE-CROIX-DU-MONT

Château DU MONT
Ste-Croix-du-Mont
33410 CADILLAC Tél. : 56 62 01 72

Château LA RAME
Ste-Croix-du-Mont
33410 CADILLAC Tél. : 56 63 20 33

Château LOUSTEAU-VEIL
Ste-Croix-du-Mont
33420 CADILLAC Tél. : 56 62 01 41

JURA - ARBOIS - COTES DU JURA - CHATEAU-CHALON

ROLET Père & Fils *(V & S)*
Montigny
39600 ARBOIS Tél. : 84 66 00 05

Jacques FORET
44, rue de la Faïencerie
39600 ARBOIS Tél. : 84 66 11 37

Fruitière Vinicole D'ARBOIS
2, rue des Fossés
39600 ARBOIS Tél. : 84 66 11 67

Henri MAIRE
Château Montfort
39600 ARBOIS Tél. : 84 66 12 34

Château D'ARLAY (Côtes du Jura)
Arlay
39140 BLETTERANS Tél. : 84 85 04 22

MARIUS PERRON (Château-Châlon)
30210 VOITEUR Tél. : 84 85 20 83

Château L'ETOILE (Vin Jaune)
39000 LONS-LE-SAUNIER Tél. : 84 47 33 07

SAVOIE

Cave Coopérative DE CHANTAGNE
Saumont - Ruffieux
73310 CHINORIEUX Tél. : 79 54 27 12

Cave Coopérative Vins Fins CRUET
73800 CRUET Tél. : 79 84 28 52

Domaine DE LA VIOLETTE
Les Marches
73800 MONTMELIAN Tél. : 79 28 13 30

Domaine CELLIER BEL-AIR
01350 CULOZ Tél. : 79 87 04 20

CHAMPAGNE

Outre les grandes marques très connues voici les vignerons et caves manipulant des champagnes de qualité.

CHARBAUT & Fils ***(V & S)***
17, avenue de Champagne
B.P. 150
51205 EPERNAY Tél. : 26 54 37 55

PIPER HIEDSIECK
51, boulevard Henry Vasnier
51100 REIMS Tél. : 26 85 01 94

Henri ABELE
50, rue Sillery
51100 REIMS Tél. : 26 85 23 86

Jean MOUTARDIER
Le Breuil
51210 MONTMIRAIL Tél. : 26 59 21 09

MAILLY-CHAMPAGNE
51500 RILLY-LA-MONTAGNE Tél. : 26 49 41 10

JEANMAIRE
12, rue Roger Godart
51200 EPERNAY Tél. : 26 54 60 32

BILLECART-SALMON
40, rue Carnot
Mareuil-sur-Ay
51160 AY Tél. : 26 50 60 22

Alexandre BONNET
138, rue du Général de Gaulle
10340 LES RICEYS Tél. : 25 29 30 93

J.J. CATTIER
6, rue Dom Pérignon
Chigny les Roses
51500 RILLY-LA-MONTAGNE Tél. : 26 03 42 11

PALMER
67, rue Jacquart
51100 REIMS Tél. : 26 07 35 07

JACQUART
5, rue Gosset
51100 REIMS Tél. : 26 07 20 20

Raoul COLLET
34, rue Jeanson
51160 AY Tél. : 26.55.15.88

Alain VESSELLE
8, rue de Louvin
Bouzy
51150 TOURS-SUR-MARNE Tél. : 26 57 00 88

Jean VESSELLE
2, Place J.B. Barnaut
Bouzy
51150 TOURS-SUR-MARNE Tél. : 26 57 01 55

Georges VESSELLE
16, rue des Postes
Bouzy
51150 TOUS-SUR-MARNE Tél. : 26 57 00 15

LES GRANDES MARQUES :

on les trouve dans tous les points de vente.

ABEL LEPITRE - AYALA - BESSERAT DE BELLEFOND - BOLLINGER - BRICOUT - CANARD DUCHENE - CHARLES HIEDSIECK - DEUTZ - RUINART - GOSSET - HIEDSIECK MONOPOLE - HENRIOT - KRUG - LANSON - LAURENT PERRIER - MOET et CHANDON - MUMM - PERRIER-JOUET - PHILIPONNAT - POL ROGER - POMMERY - LOUIS ROEDERER - TAITTINGER - DE VENOGE - VEUVE CLICQUOT .

COTES DU RHONE

Château LA GARDINE *(V & S)*
84230 CHATEAUNEUF-DU-PAPE Tél. : 90 83 73 20

Château DU BOIS DE LA GARDE
1, avenue du Baron Le Roy
83230 CHATEAUNEUF-DU-PAPE

Domaine DES HAUTS DE ST-PIERRE
84600 VALREAS Tél. : 90 35 06 68

Domaine DE LA GRANGETTE ST-JOSEPH
Violes
84150 JONQUIERES Tél. : 90 70 92 12

Domaine DE ST-ESTEVE
Uchaux
84100 ORANGE Tél. : 90 34 34 04

Ets Jean-Pierre BROTTE
B.P. 1
84230 CHATEAUNEUF-DU-PAPE Tél. : 90 83 70 07

Cave Coopérative VINS FINS
22, Route de Larnage
26600 TAIN L'HERMITAGE Tél. : 75 08 20 87

Cave Coopérative LA CLAIRETTE DE DIE
26150 DIE Tél. : 75 22 02 22

LANGUEDOC-ROUSSILLON

LANGUEDOC

Château LA TUILERIE
(Costières du Gard) *(V & S)*
Route de St Gilles
30000 NIMES Tél. : 66 70 07 52

Coopérative AIMERY (Blanquette de Limoux)
avenue du Mauzac
11300 LIMOUX Tél. : 68 31 14 39

Château DE LASTOURS (Corbières)
11490 PORTEL Tél. : 68 48 29 17

Domaine DE LA VOULTE-GASPARETS
(Corbières)
Boutenac
11200 LEZIGNAN Tél. : 68 27 07 86

Château LE BOUIS (Corbières)
11430 GRUISSAN Tél. : 68 27 07 86

Cave Coopérative PAZIOLS (Fitou)
11530 PAZIOLS Tél. : 68 45 40 56

Cave Prod. de FITOU (Fitou)
R.N. 9 Les Cabanes
11510 FITOU Tél. : 68 45 71 41

COSTOS ROUSSOS (Minervois)
Trausse
11160 CAUNES-MINERVOIS Tél. : 68 68 31 15

Château HAUT FABREGUES (Faugères)
Caberolles-Lentmeric
34480 MALAGAS Tél. : 67 90 28 67

Domaine DES JOUGLA
Prades sur Vernazobre
34360 ST-CHINIAN Tél. : 67 38 07 30

Maîtres Vignerons DE TAUTAVEL (Côtes du Roussillon, Rivesaltes, Muscat de Rivesaltes)
24, Route de Vingrau
66720 TAUTAVEL Tél. : 68 29 12 03

Cellier DES TEMPLIERS (Banyuls, Banyuls Grand Cru, Collioure)
Route du Mas Reig
66650 BANYULS-SUR-MER Tél. : 68 88 31 59

S.C.V. VIGNERONS DE MAURY
66640 MAURY Tél. : 68 59 00 95

Domaine DU MAS BLANC (Collioure et Banyuls)
9, avenue du Général de Gaulle
66650 BANYULS-SUR-MER Tél. : 68 88 32 12

S.C.V L'ETOILE
26, avenue du Puig Del Mas
66650 BANUYLS SUR MER Tél. : 68.88.00.10

ROUSSILLON

CAZES FRERES (Côtes du Roussillon/ Rivesaltes/Muscat de Rivesaltes) *(V & S)*
4, rue Francisco-Ferrer
66600 RIVESALTES Tél. : 68 64 08 26

Château DE JAU (Côtes du Roussillon/Rivesaltes/Muscat de Rivesaltes/Banyuls))
Cases de Pène
66600 RIVESALTES Tél. : 68 54 51 67

JAUBERT ET NOURY (Côtes du Roussillon/Rivesaltes/Muscat de Rivesaltes)
rue de Artisans
St-Jean-Lasseille
66300 THUIR Tél. : 68 21 71 43

Coopérative De Vins Fins De SALSES (Côtes du Roussillon/Rivesaltes/Muscat de Rivesaltes)
Salses
66600 RIVESALTES Tél. : 68 38 62 08

PROVENCE

Château VANNIERES (Bandol) *(V & S)*
83740 LA CADIERE D'AZUR Tél. : 94.29.31.19

Château DE BARBEYROLLES
Gassin
83990 ST-TROPEZ Tél. : 94 56 33 58

Domaine DU JAS D'ESCLANS
Route de Callas
83920 LA MOTTE Tél. : 94 70 27 86

Clos MIREILLE
S.F.O. O.T.T.
22 Bd d'Aiguillon
60600 ANTIBES Tél. : 93 34 38 91

Château REAL MARTIN
83143 LE VAL Tél. : 94 88 40 90

Maîtres Vignerons DE ST-TROPEZ
Carrefour de la Foux
Gassin
83990 ST-TROPEZ Tél. : 94 56 32 04

Domaine DE PIBARNON (Bandol)
83740 LA CADIERE D'AZUR Tél. : 94 29 32 73

LA ROQUE (Cave du Moulin de la Roque) (Bandol)
Quartier Vallon
83740 LA CADIERE D'AZUR Tél. : 94 29 30 39

Domaine DE TORRACCIA
Lecci
20137 PORTO VECCHIO (CORSE) Tél. : 95 71 43 50

Domaine COMTE PERALDI
Chemin des Stiletto
20167 MEZZAVIA (CORSE) Tél. : 95 22 37 30

Vignoble DE SANTA MARIA
Bravonne
20290 BORGO (Corse)

VAL DE LOIRE

GRATIEN-MEYER & Cie (Crémant de Loire/ Saumur d'origine) ***(V & S)***
Route de Montsoreau
49100 SAUMUR Tél. : 41 51 01 54

Domaine RENE COULY-DUTHEIL (Chinon) ***(V & S)***
12, rue Diderot
37500 CHINON Tél. : 47.93.05.84

Domaine DE LA MOUSSIERE (Sancerre) ***(V & S)***
B.P. 18
18300 SANCERRE Tél. : 48 54 07 41

GUILBAUD (Muscadet Sèvre et Maine) ***(V & S)***
Les Lilas
Mouzillon
44330 VALLET Tél. : 40.36.90.55

Château DU CLERAY (Muscadet Sèvre et Maine)
Sauvion et Fils
44330 VALLET Tél. : 40 36 22 55

CHEREAU-CARRE (Muscadet)
Chasseloir
St-Fiacre
44690 LA HAIE FOUASSIERE Tél. : 40 54 81 15

Domaine DE LA MOUTONNIERE (Muscadet)
Les Lilas
Mouzillon
44330 VALLET Tél. : 40 36 30 55

Clos de COULAINE SAVENNIERES
49170 ST-GEORGES-SUR-LOIRE Tél. : 41 72 21 06

Les Caves de la LOIRE (Anjou)
Route de Vauchrétien
49320 BRISSAC Tél. : 41 91 22 71

Domaine DES ROCHELLES (Anjou)
St-Jean-des-Mauvrets
49320 BRISSAC QUINCE Tél. : 41 91 92 07

MOULIN TOUCHAIS (Côteaux du Layon)
25, avenue Gl Leclerc
49700 DOUE LA FONTAINE Tél. : 41 59 12 14

Château DE BREZE (Saumur)
Brézé
49260 MONTREUIL-BELLAY Tél. : 41 51 62 06

Domaine LES HAUTS DE SANZIERS
Le Puy Notre Dame
49260 MONTREUIL-BELLAY Tél. : 41 52 26 75

Château DE PARNAY
Parnay
49730 MONTSOREAU Tél. : 41 38 10 85

Jean-Claude BODIN (Touraine)
La Bergeonnnière
St-Romain
44140 NOYERS SUR CHER Tél. : 54 71 70 43

Domaine Château MAUDUIT
La Meschinière
Mareuil sur Cher
41110 ST-AIGNAN Tél. : 54 75 15 80

Vignerons DE OISLY ET THESEE
41700 CONTRES Tél. : 54 79 52 88

Marc DELANNAY (Bourgueil)
La Lande
37140 BOURGUEIL Tél. : 47 97 80 73

Guy DELETANG & Fils (Montlouis)
19, Route d'Amboise
St-Martin-le-Beau
37270 MONTLOUIS-SUR-LOIRE Tél. : 47 50 67 25

Daniel JARRY (Vouvray)
99, rue de la Vallée Coquette
37210 VOUVRAY Tél. : 47 52 78 75

Cave Coopérative HAUT-POITOU
86170 NEUVILLE-DE-POITOU Tél. : 49 51 21 65

Château DU NOZET (Pouilly-Fumé)
58150 POUILLY SUR LOIRE Tél. : 47 20 66 62

VINS DU SUD-OUEST ET DU CENTRE

Cave Coopérative DE DURAS (Côtes de Duras)
47120 DURAS Tél. : 53 83 71 12

Château DE TIREGAND
Creysse
24100 BERGERAC Tél. : 53 23 21 08

Cave Coopérative MONTBAZILLAC
Montbazillac
24240 SIGOULES Tél. : 53 57 06 38

Château LE MAYNE (Bergerac-Montbazillac)
24240 SIGOULES Tél. : 53 58 40 01

Domaine DE GOLSE
Ponchapt
33220 STE-FOY-LA-GRANDE Tél. : 53 24 61 94

Domaine DE PERREAU (Bergerac)
St-Michel De Montaigne
24230 VELINES Tél. : 53 58 60 55

Clos DE GAMOT (Cahors)
46220 PRAYSSAC Tél. : 65 22 40 26

Château LA GREZETTE (Les Côtes d'Olt)
Parnac
46140 LUZECH Tél. : 65.30.71.86

Clos TRIGUEDINA
46700 PUY-L'EVEQUE Tél. : 65.21.30.81

Château DECAIX (Les Côtes d'Olt)
(vin du Prince de Danemark)
Parnac
46140 LUZECH Tél. : 65.30.71.86

Château DE HAUTE SERRE (Cahors)
Cieurac
46230 LALBENQUE Tél. : 65 38 70 30

Producteurs de PLAIMONT (Côtes de St-Mont, Madiran)
32400 ST-MONT Tél. : 62 69 78 87

Cave DE CROUSEILLES (Madiran, Pacherenc du Vic-Bilh)
64350 LEMBEYE Tél. : 59 68 10 93

Cave DE GAN-JURANCON (Jurançon)
53, avenue Henri IV
64290 GAN Tél. : 59 21 57 03

Cave D'IROULEGUY
64430 ST-ETIENNE DE BAIGORRY Tél. : 59 37 41 33

Domaine DE BOUSCAILLOUS (Gaillac)
Montels
81140 CATELNAU-DE-MONTMIRAL Tél. : 63 33 18 85

Cave DE TECOU
81600 GAILLAC Tél. : 63 33 00 80

Vignerons Réunis DES COTES DE BUZET
Buzet sur Baïse
47160 DAMAZAN Tél. : 53 79 44 30

Château BELLEVUE LAFORET (Côtes du Frontonnais)
31620 FRONTON Tél. : 61 82 43 21

EAUX-DE-VIE

Château DE LAUBADE (Bas Armagnac) ***(V & S)***
"Sorbets"
32110 NOGARO Tél. : 62.09.06.02

Domaine DE BRAUX
(Eaux-de-vie de Lorraine) *(V & S)*
Boucq
54200 TOUL Tél. : 83.43.82.57

CALVADOS DU PERE MAGLOIRE
Route de Trouville
14130 PONT L'EVEQUE Tél. : 31.64.12.87

COGNAC OTARD
B.P. 3
16101 COGNAC Tél. : 45.82.40.00

(V & S) : Vignobles et Signatures.

TABLES DES MATIERES

Achevé d'imprimer 2e trimestre 1989
Photographies :
AAA photo – Francisco Hidalgo – Image Bank – Marie-Claire
Option photo – Scope – Sipa-Press –
Conception-Maquette : Jean-Claude de Galkowsky
Composition : Eurocomposition et OFP
Photogravure : St-Marc Photogravure et Maguyva
Printed in France

PUBLICATION JEAN-PIERRE TAILLANDIER
Direction technique : Marie-Noël Lézé
ISBN 2 876336-015-2

© Tous droits réservés pour tous pays par :
OFP 27, rue de Marignan - 75008 Paris
Tél. : (1) 42 56 07 43 – Télex : 649945 F – Telefax : (1) 42 56 12 75